STEP Ⅰ
Systematic Training for Effective Parenting

영유아의 부모 STEP

당신은 좋은 부모입니다

Don Dinkmeyer(Sr), Gary McKay,
James Dinkmeyer, Don Dinkmeyer(Jr), Joyce McKay 지음

황옥자 · 이지연 옮김

창지사

옮긴이의 말

부모는 누구나 될 수 있으며 부모 되기는 분명 우리에게 커다란 행복을 안겨 주는 일이다. 그러나 많은 부모들은 효율적이고 바른 부모역할을 한다는 것이 얼마나 어려운지 자녀를 키우면서 곧 깨닫게 된다. 그만큼 좋은 부모가 되는 것은 쉬운 일이 아니다.

그러나 우리는 본래 좋은 부모의 성향을 가지고 있다. 다만 자녀를 사랑하는 마음이 너무 커서 집착하다보니 좋은 부모역할 수행을 잠시 인식하지 못할 뿐이다.

STEP은 우리가 가진 본래의 좋은 부모 성향을 발견하여 실천하도록 돕는 데 그 목적을 둔다. STEP이란 '효율적 부모역할 수행을 위한 체계적 훈련'(Systematic Training for Effective Parenting)을 의미한다. 인간은 자기가 잘 알고 있는 것에 대해서는 온갖 관심과 애정을 다 쏟으며 잘못되지 않도록 온 정성을 기울인다. 반면에 자기가 잘 모르는 것에 대해서는 그것이 어떻게 되든 말든 관심도 안보이며 함부로 대하는 속성이 있다.

이러한 사실은 자녀에게도 해당이 된다. 부모가 자녀에 대해 잘 알고 있을 때 그 자녀가 더욱 사랑스럽고 자녀가 가진 문제까지도 자녀 입장에서 생각하며 진정한 도움을 줄 수 있는 법이다. 만약 자녀에 대해 잘 모르고 있다면 자녀보다는 부모 입장에서 그 문제를 바라보고 해결하려 하기 때문에 오히려 문제는 더 꼬여만 가고 관계만 나빠지게 될 수 있다.

STEP 프로그램은 부모가 자녀를 잘 알고 이해하여 서로 신뢰하고 행복하게 좋은 관계를 유지하자는 데 그 기본 배경을 두고 있다. 그리고 자녀를 보다 잘 알고 이해하는 방법으로 7가지 주제에 따른 구체적인 내용들을 체계적이고 알기 쉽게 구성하였다.

내가 처음 STEP을 만난 것은 1985년 박사 논문을 쓰기 시작하면서부터였다. 그 당시 이화여대의 이경우 교수님께서 번역하고 있던 STEP 원고(당신도 유능한 부모가 될 수 있다)를 내게 보여주시며 부모들에게 직접 실험해 보겠느냐고 물으셨다. 그것이

바로 나와 STEP이 인연을 맺게 된 출발점이다.

이원영 교수님을 지도교수로 나는 STEP 실험을 통해 박사학위를 취득하였고, 그후 부모를 대상으로 하는 특강에서 STEP을 많이 강의하게 되었다. 그런 인연으로 나의 제자들 가운데서도 STEP을 주제로 논문을 써서 학위를 받은 사람이 여럿 있었다. 그러나 이제 STEP이 새롭게 변화하였다. 21세기를 맞아 세대가 변하고 추구하는 가치관이 변한만큼 STEP도 주제와 내용을 새롭게 구성하여 우리 앞에 나타났다.

나는 개정된 STEP의 내용을 배우기 위해 2003년 12월 미국으로 건너가 연수에 참여하였고, 그곳에서 이 연수를 지도하던 저자 Dinkmeyer를 만나 한국에서 STEP 개정판을 독점 번역하기로 구두 계약을 맺고 돌아왔다. 그 후 번역작업이 진행되던 중 2007년경부터 STEP은 자체적으로 출판사를 설립하여 운영하는 절차로 인해 본 역서도 출간이 늦어지게 되었다.

이전의 STEP 책에 비해 개정된 STEP은 발달단계 및 연령에 따라 세 권의 책으로 세분화되어 각각의 내용을 담게 되었다.

- STEP 1권에서는 영유아기의 자녀를 둔 부모를 대상으로 하는 내용을 다루었고
- STEP 2권에서는 아동기의 자녀를 둔 부모를 대상으로 하는 내용을 다루었으며
- STEP 3권은 청소년기의 자녀를 둔 부모를 대상으로 하는 내용의 프로그램이다.

이들 세 권의 STEP은 각각의 시기에 맞는 발달이론과 더불어 그 시기마다 발생될 수 있는 자녀의 문제점들을 구체적인 사례를 중심으로 다루었고, 이들 문제에 따라 부모들이 어떻게 대응해 가야 가장 효율적인지를 매우 알기 쉽고도 체계적인 방법으로 안내하고 있다.

먼저 첫 번째 STEP 책인『영유아의 부모 STEP』은 출생에서 6세까지의 영유아기 자녀를 둔 부모를 위한 효율적 부모역할 수행 훈련 프로그램이며, 총 7주간의 주제와 내용으로 구성되어 있다. 저자들은 아기에서부터 6세까지의 연령에 따른 문제들을 일상생활에서 흔히 일어날 수 있는 문제들로 구성하여 그 대응 방법을 제시하였다. 독자들은 본 책을 통해서 영유아기 자녀의 부모역할이란 기쁨과 만족을 주는 즐거운 도전임

을 느끼게 될 것이다.

본 역자는『영유아의 부모 STEP』의 원본을 그대로 번역하려고 노력하였다. 단지 일반적인 우리의 정서에 맞지 않는 이름과 단어들은 알기 쉽게 우리식으로 표현하였다. 아마도 부모들은 STEP 프로그램에 참여하여 7주간의 교육을 받음으로써 영유아기의 자녀를 위한 효율적인 부모역할을 원만히 수행할 수 있으리라 믿는다.

본 번역판이 나오기까지는 많은 분들의 도움과 은혜가 있었다. 먼저 나를 학문의 길로 처음 인도해 주시고, 이 번역물이 언제 나오느냐며 관심을 가져주신 주정일 교수님의 은혜에 깊은 감사를 드리고 싶다. 본 책의 공동 번역자로 참여한 이지연은 교육학 · 국제관계학을 전공하고 현재 호주대사관에서 경제선임연구관으로 일하면서 번역은 물론 많은 용어 정리를 담당하였다. 그리고 미국에 체류하는 동안 저자와 연락하며 정보 교류를 대신해 준 아들 동훈에게도 깊은 사랑을 보낸다. 또한 원고를 준비하는 과정에 소리 없이 도와준 조교 등 많은 분들에게도 감사하다는 말을 전한다.

그리고 무엇보다도 STEP의 번역을 출판할 수 있도록 기꺼이 응해 주고 오랜 세월을 기다려주신 창지사 관계자 여러분께 마음속 깊이 감사를 드린다.

2012. 7. 진흥관 연구실에서

옮긴이 두 손 모음

저자서문

부모가 된다는 것은 즐거움과 도전이라는 2가지 과제를 부여한다. 첫 아기의 탄생과 함께 열리는 새로운 세계는 아무리 열심히 준비하고 계획하더라도 철저하게 대비했다고 말할 수 없다. 아기가 태어나는 순간 부모의 생활도 달라진다. 우리는 전혀 모르는 낯선 누군가를 만나자마자 첫눈에 진한 사랑에 빠져 평생 변치 않겠노라 맹세하며 일생에 걸친 관계를 시작한다. 아기의 탄생으로 부모는 전혀 새로운 역할을 부여받게 되고 그로 인해 부모의 생활은 모든 것이 달라진다.

생의 첫 6년간은 아기에게 가장 빠르고도 극적인 변화가 일어난다. 이에 따라 부모도 부단히 적응해 가야 한다. 아기가 마침내 잠투정이 줄었다고 생각하자마자 아기는 부모의 새벽잠을 깨우고 하루의 생활 리듬을 깨뜨려버린다. 아기가 기기 시작했다고 생각하였는데, 어느 틈에 찬장 위에 올라가 있는 아기를 발견하기도 한다. 유치가 나오는가 싶더니 어느새 빠진다. 아기가 좋아하는 단어 '엄마' 나 '아빠' 도 일순간 '싫어' 라는 말로 바뀐다. 일단 아기의 말문이 트이게 되면 쉴 새 없는 질문 공세에 시달려야 한다.

부모는 자녀의 처음이자 가장 큰 영향을 미치는 스승이다. 부모는 자녀의 끊임없는 변화에 유연하게 적응해 나가는 과정에서 자녀를 올바르게 이끌고 격려하는 기술을 익히게 된다. 아기일 때 울면 부모가 달래주는 과정에서 자녀는 자신이 가치 있게 여겨진다는 것을 알게 되고, 사람들을 신뢰하는 법을 배우기 시작한다. 만 3세 정도 되면 장난감 가게에서 나가기 않으려고 발버둥치는 자신을 부모가 데리고 나가는 과정을 통하여 한계를 배우게 되고, 만 5세가 되면 자전거 탈 때 부모가 방향 조절은 어떻게 하는지 가르쳐주는 과정에서 문제해결 기술을 익히게 된다.

『영유아의 부모 STEP(*Parenting Young Children*)』은 바로 이런 내용을 담고 있으며 구체적으로는 다음과 같다.

- 부모역할 수행의 장기적 목표의 이해
- 영유아의 생각, 느낌과 행동에 관한 정보
- 부모로서 즐거움과 효율성을 신장시킬 수 있는 기술
- 영유아기 자녀의 자아존중감과 자신감을 길러주는 기술
- 우리 자신을 부모로서 또 한 인간으로서 지지하기
- 영유아기 자녀에게 협력과 규율을 가르치는 효과적인 방법

『영유아의 부모 STEP』의 독자는 본 책에서 배운 원칙과 기술을 바탕으로 보다 자신감을 갖고 부모역할을 수행할 수 있을 것이다. 본 책에서는 '효율적 부모역할 수행을 위한 체계적 훈련' (STEP : Systematic Training for Effective Parenting) 프로그램에 기반을 둔 일관되고 긍정적이며 민주적인 접근 방법을 제시하고 있다. 『영유아의 부모 STEP』은 STEP의 원칙과 방법을 영아기, 걸음마기, 유아기 시기 등의 특수한 도전들에 직면하여 적용하게 된다. 본 책은 영유아기 자녀가 평생에 걸친 긍정적인 성장의 기반이 되는 건강한 신념과 행동 체계를 형성해 나가는 데 도움이 될 것이다.

영유아기 자녀의 부모역할 하기는 하나의 큰 도전이다. 그러나 부모와 자녀가 함께 기쁨과 만족을 느낄 수 있는 기회가 넘치는 즐거운 도전이기도 하다. 『영유아의 부모 STEP』은 부모가 자신감을 갖고 이 도전과 기회를 맞는 데 큰 도움이 될 것으로 믿는다.

Don Dinkmeyer(Sr), Gary McKay,
James Dinkmeyer, Don Dinkmeyer(Jr), Joyce McKay

차례

Chapter 1

영유아 발달 이해하기

영유아기 자녀에게는 부모가 가장 중요한 존재이다. 부모로서 우리는 자녀가 남을 존중하고 자율적이며 행복하고 건강하며 자신감·협동심과 책임감을 갖춘 아이로 자라기를 바란다.

이 같은 부모역할 하기의 도전은 다음과 같은 방법으로 달성할 수 있다.

- 자녀가 어떻게 성장하며 행동하는가를 이해하기
- 자녀를 격려하는 기술을 숙달시키기
- 자녀의 말을 잘 듣고 대화를 나눌 방법을 발견하기
- 효율적이고 긍정적인 훈육방법을 습득하기

본 책은 위의 부모 되기 과제를 수행하는 데 지침서 역할을 한다. 본 책의 내용은 유능한 부모가 되기를 원하는 우리를 도울 정보와 기술들을 담고 있다. 우리가 이러한 새로운 접근법들을 배우고 실천하다 보면 어느새 자신의 부모역할 수행을 위한 기술이 부쩍 향상되었고, 그에 따라 자신감도 커졌음을 알게 될 것이다.

본 장에서 배울 내용

- 부모역할 하기의 도전 목적은 자녀를 자신감, 존중감, 자립심, 책임감과 협동심이 있는 아이로 키우는 데 있다.
- 아이들의 성장 발달은 개인에 따라 차이가 있으며 각자의 발달단계에 따라 새로운 기술을 습득한다.
- 부모는 자녀가 긍정적인 신념체계를 형성하도록 도울 수 있다.
- 아이에게는 놀이가 곧 '일'이다.
- 부모가 할 일은 자녀에게 처벌이나 지나친 자유를 주지 않으면서 지도하는 것이다.

기본배경 : 영유아의 개인적 특성들

모든 아이는 고유한 자질, 즉 특성(traits)을 가지고 태어난다. 이 특성은 자녀의 성격(personality) 형성에 큰 역할을 한다. 부모는 자녀의 특성을 인식함으로써 자녀가 자신의 특성을 긍정적인 방법으로 활용하도록 도울 수 있다.

1. 기질(Temperament)

영유아는 자기 나름의 속도에 따라 발달한다. 부모는 이 발달속도를 존중함으로써 자녀를 도울 수 있다.

기질은 아이가 행동하는 양식을 의미한다. 어떤 아이는 수면과 음식 섭취 등의 일상생활 습관이 규칙적인 반면 어떤 아이는 불규칙적이기도 하다. 또 소음, 강한 빛과 새로운 음식 등 환경의 자극에 잘 적응하는 순한 아이가 있는가 하면 조그만 자극에도 민감하게 반응하는 아이도 있다.

이 같은 행동양식의 개인차는 아이의 기질을 나타낸다. 자녀의 기질을 파악하면 자녀를 쉽게 이해할 수 있고, 자녀의 고유한 기질에 맞추어 조화롭게 양육할 수 있다.

한 아이가 개인적 기질을 타고나면 이 기질은 아동기 동안 대체로 변하지 않고 지속된다. 기질은 영리함이나 재능과는 아무런 관련이 없고 단지 선천적으로 타고난 아이의 독특한 특질을 말한다.

2. 발달속도

아이는 그들 나름의 성장속도에 따라 발달해 간다. 아이마다 유치가 나고 말문이 트이며 배변훈련을 시작하는 시기 등 자신만의 시간표를 가지고 있다. 이러한 과업은 아이가 경험하는 주변 인물, 장소, 사건과 같은 주위 환경의 영향도 받는다.

본 장의 끝부분에 수록된 〈표 1〉이 일반적인 영유아의 신체, 정서 및 인지 기능의 발달단계를 이해하는 데 도움이 될 것이다. 그러나 아이마다 발달속도에 차이가 있어 각각 다른 시기에 기능을 발달시키기도 한다.

훈이는 한 살이다. 훈이와 아빠는 아파트 복도에서 이웃 아주머니와 마주친다. "훈이가 말을 시작했나요?"라고 아주머니가 묻자 훈이의 아빠는 "단어를 몇 개 말할 수 있어요."라고 답한다. 아주머니는 "말이 좀 늦은 편인가요? 우리 딸은 그 나이에 말을 제법 잘했거든요."라고 말한다. 훈이의 아빠는 "훈이도 때가 되면 말을 잘하겠지요."라고 대답한다.

부모가 자녀의 자연스러운 발달속도를 **존중**할 때 자녀가 제대로 성장 발달할 수 있다. 부모는 자녀의 성장을 앞당기기 위해 자녀를 밀어붙이는 대신 자녀를 격려하고 자녀의 존재에 감사하며 자녀가 자유롭게 발달할 수 있는 기회를 제공하여야 한다. 우리는 이러한 것들을 어떻게 할 수 있을까?

아기에 관해 생각해 보라 : 아기에게 마루 위에서 한동안 시간을 보낼 수 있는 환경을 마련해주어야 한다. 바닥은 아기가 기어다닐 준비가 될 때까지 스스로 배우게 하는 공간이 되어 준다. 아기에게는 기는 동작을 가르쳐줄 필요가 없다.

3. 발달유형

아이의 발달유형은 그들 나름의 방식이 있다. 어떤 아이는 주변 사람들 앞에서 새로운 기술을 배우고 연습하며 실수를 해도 아무렇지 않은 반면, 어떤 아이는 특정한 기술을 잘할 수 있을 때까지 기다렸다가 갑작스레 보여주기도 한다. 어떤 아이는 한 단어를 말하기 전에 몇 달 동안 옹알이를 하는 반면, 어떤 아이는 간단한 문장을 말할 수 있기 전에는 말문을 열지 않는다. 어떤 아이는 신체, 마음 그리고 감정이 동시에 발달하는 반면 어떤 아이는 한 번에 한 분야씩 발달한다.

4. 발달단계

어떤 종류의 학습을 위해서는 선수학습이 있게 마련이다. 앉기와 기어다니기는 걷기 이전에 나타나며 과자를 집는 행동은 글쓰기 이전에 나타난다. 다른 아이 옆에서 따로 놀이하는 단계를 거쳐 함께 놀이하는 행동이 나타난다.

기억할 점 : 아이는 그들 나름의 속도대로 발달한다. 각 아이는 새로운 기술이 준비될 때까지 연습할 것이다. 어떤 기술은 일정한 순서에 따라 배우게 된다는 것을 이해하면 아이의 발달단계에 대비하고 성장 발달을 도울 수 있다.

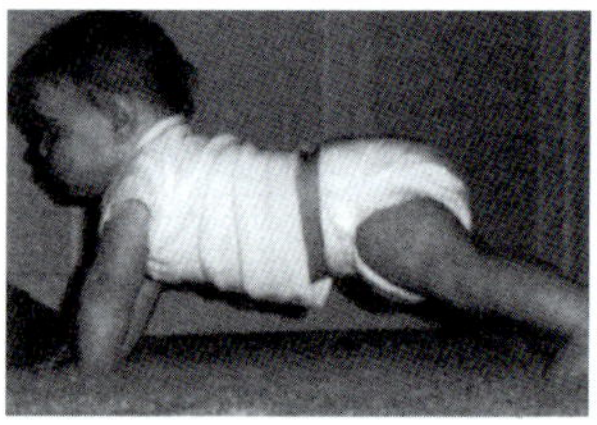

1) 영아기–출생부터 18개월까지

『영유아의 부모 STEP』에서 우리는 **아기**(babies) 또는 **영아**(infants)에 대해 종종 언급할 것이다. 어떤 아기는 신생아이고, 어떤 아기는 앉기 단계에 있으며, 어떤 아기는 기어다닌다. 또 어떤 아기는 막 걷기 시작한다. 일반적으로 **아기 시기**(babyhood)란 아이가 이러한 발달단계를 거쳐 걸을 수 있을 때까지를 말한다.

아기는 누군가 자신을 다음과 같이 돌봐주는 것을 알게 되면서 어른을 신뢰하는 법을 배운다.

- 먹이고 입혀주기
- 기저귀를 갈아주기
- 울음소리에 반응을 보여주기
- 위험으로부터 보호해주기

아기는 스스로 다음의 것을 발견함으로써 그들 자신을 알고 신뢰를 배운다.

- 손가락이나 담요로 자기자신을 위로한다.
- 원하는 것을 갖기 위해 기어가서 손에 쥔다.

아기는 사물에 대해 탐색하면서 주변세계를 신뢰하는 법을 배운다.

- 바닥은 딱딱하고 동물인형은 폭신하다.
- 오렌지색 음식은 맛이 좋고 녹색 음식은 어떤 때엔 맛이 없을 때도 있다.
- 따뜻한 물에 목욕하는 것은 기분이 좋고 주사는 아프다.

2) 걸음마기–18개월부터 36개월까지

걸음마기 유아(toddlers)는 사방을 걸어다니거나 뛰어다니는 것을 좋아하지만 아직은 서투르다. 그 이유는 걸음마기에는 학령전기 유아만큼 동작을 잘 조절할 수 없기 때문이다. 언어발달 면에서도 획기적으로 발달하지만 이들의 말을 제대로 알아듣기는 어렵다.

걸음마기는 독립심을 추구한다 : 걸음마기에는 누군가 든든하게 자신을 보호하고 있음을 안다. 그래서 부모와 떨어져서도 자유로움을 느끼고 주변환경을 시험해 보며 많은 것을 요구하게 된다.

걸음마기에는 많은 것을 배운다. 각각의 독립적인 행동들을 통해 유아는 한 인격체로 발달해 간다.

- 걸음마기에는 모든 일을 스스로 하겠다고 고집 피우면서 **자립심**(self-reliance)을 학습한다.
- 걸음마기에는 모든 장난감을 "내 거야!"라고 주장하면서 **소유 개념**(ownership)을 학습한다.
- 걸음마기에는 어둠이나 낯선 어른을 두려워하면서 공포와 안전을

학습한다.

• 걸음마기에는 고양이를 부드럽게 만져주면서 **자기통제(self-control)**를 학습한다.

걸음마기는 이 외에도 다양한 방법으로 성장 발달의 중요한 걸음을 내딛는 시기이다.

3) 유아기-3세부터 6세까지

학령전기 유아(preschoolers)는 걸음마기와 학령기 사이의 시기에 있는 아이를 말하며 유아기라고도 한다. 이 시기의 아이는 자신과 부모, 양육자 등의 주변인물에 대해 확신을 가진다. 이들은 친구와 장난감 같은 더 넓은 세계로 뛰어들 준비가 되어 있다.

학령전기 유아는 창조적이다 : 이 시기의 유아는 예술가, 건축가 그리고 발명가이기도 하다. 이들은 풍부한 상상력을 발휘하고 상상 속의 모험세계를 연기하는 것을 즐긴다. 주로 **소꿉놀이**와 **학교놀이**를 하면서 성인들을 모방한다.

• 인형에게 우유를 먹이고 점심으로 진흙빵을 만든다.
• 세발자전거를 소방차라고 타고 다니거나 담요로 요새를 만든다.

학령전기 유아는 환상의 세계를 만들어내기도 한다.

• 욕조는 괴물이 사는 연못이 된다.
• 마분지로 만든 상자는 성이 된다.

학령전기는 부모에게 동화책을 읽어달라고 조르기도 하고, 그들 나름의 시를 짓거나 우스갯소리와 이야기를 만들어내기도 한다. 가끔 욕설을 내뱉기도 해 부모에게 충격을 안겨준다.

학령전기 유아는 친구를 필요로 한다 : 이 시기의 아이는 부모 외의 사람들과 잘 지내는 법을 배울 필요가 있다. 친구와 함께 이들은 많은 것을 **연습**한다. 즉, 아이디어를 사용하고 의사결정을 하며 싸움을 해결하고 감사를 표현하는 등 여러 가지를 실제로 '**연습**' 한다.

기본배경 : 부모와 영유아의 행동

부모는 자녀에게 여러 면에서 영향을 줄 수 있다. 그 중 한 가지가 부모의 **기대**이다.

1. 기대의 힘

기대는 강력한 힘을 발휘한다. 대부분의 부모들은 부모역할에 대해 기대를 가지고 있다. 그러나 우리는 너무도 자주 부정적인 어떤 것을 기대한다. 예를 들면 우리는 자녀를 '미운 세 살', '꼬마 악동'이나 '꼬마 괴물'이라 부르고 있지 않은가?

부모가 '예쁜 세 살'이라고 말한다면 세 살배기의 인생은 달라질까?

유아는 대체로 은연중에 부모의 기대를 알아차리고 부모의 기대대로 행동한다. 그것에 대해서 생각해 보자! 만일 우리가 '미운 세 살' 대신 '예쁜 세 살'이라 말한다면 어떨까? 만일 우리가 자녀에게 협력과 올바른 행동만을 기대한다면 어떻게 될까? 한번 생각해 보자. 부모의 기대가 계속 긍정적이라고 할 때, 그 자녀는 완벽한 아이가 될 것인가? 그렇지 않다. 그러나 최소한 현재보다는 협력하는 태도를 보일 것이다.

2. 스트레스

우리 대부분은 많은 스트레스를 느끼며 산다. 부모들은 돈과 직장, 기타 여러 가지 문제로 많은 스트레스를 받을 뿐 아니라 하고 싶은 일과 해야 할 일을 할 시간도 부족하다.

많은 스트레스에 시달리는 부모는 참을성이 없어져 자주 다투게 될 수 있다. 부모는 자녀에게 쏘아붙이거나 소리를 지르게 되고, 이에 대해 자녀는 울거나 위축되거나 반발해서 말대꾸를 하게 된다.

은규는 다섯 살이다. 은규가 놀고 있는데, 두 살인 동생 운주가 은규의 장난감

트럭을 잡아채고 "내 거야!"라고 고함친다. 은규가 트럭을 도로 뺏으려 하면서 둘은 소리를 지르며 싸우기 시작한다. 아빠는 조용히 둘을 떼놓는 것이 가장 좋은 방법이라는 것을 안다. 그러나 그는 많은 스트레스를 받고 있다. 그는 돈 문제로 걱정하고 있으며 부인과의 사이에도 문제를 가지고 있다. 오늘은 직장에서의 실수로 상사에게 꾸중을 들었다. 그래서 그는 아이들에게 소리를 지른다. 은규는 아빠에게 맞서 소리를 지르고 운주는 바닥에 뒹굴며 떼를 쓴다.

스트레스는 부모역할 수행에 장애가 되는 경우가 많다. 그러나 부모가 스트레스에 굴복하면 자녀의 행동은 더욱 악화될 가능성이 높다. 그러므로 스트레스가 심하다고 생각되면, 한 걸음 물러서서 심호흡을 한 후 **지금 이 순간** 무엇이 중요한지를 생각하면서 스트레스를 받지 않겠다고 결심할 필요가 있다. 또 스트레스를 극복해낼 수 있다는 자신감을 가져야 한다. 그리고 Chapter 1 뒤편에 '자신을 위해 이렇게 해 봅시다'에 수록된 '스트레스 완화법' 대로 해 본다. 이 방법은 우리가 긴장을 느낄 때 이를 다스리고 마음을 가라앉힐 기술들을 보여주고 있다.

'아니오' 대신 '예'라고 말하는 방법을 찾아라.

3. '예'는 더 많이, '아니오'는 더 적게

대부분의 걸음마기 유아에게는 "싫어, 안 할 거야."라는 말이 마술의 주문처럼 매혹적이다. 얼마나 좋은지 심지어는 하고 싶은데도 싫다고 말하는 경우도 있다. 아이들은 왜 '싫어'와 '안 할 거야'를 그렇게 좋아할까? 아마도 부모가 잘 쓰는 말이라서 그런 건 아닐까? 현명한 부모라면 '노' 대신 '예스'를 많이 사용하도록 노력할 것이다.

두 살인 철희는 오늘 아침 기분이 좋지 않다. 철희가 아직 열어보지도 않은 누나의 생일선물을 집어들자 엄마가 "안 돼!"라고 말하였기 때문이다. 철희는 아침식사로 과자를 먹겠다고 소리친다. 엄마는 또 "안 돼!"라고 대답한다. 철희는 장난감 기차를 갖고 놀겠다고 말하지만 외출해야 할 시간이라서 엄마는 또 "안 돼!"라고 말한다.

얼마 되지 않는 시간 동안 엄마는 세 번이나 "안 돼!"라고 말했다. 하지만 엄마는 아이에게 '안 돼'라는 말을 굳이 할 필요가 없었다. 엄마는 생일선물 대신 다른 장난감을 줄 수 있었다. 또한 엄마는 과자를 달라는 철희의 고함을 무시하고, 대신 "너는 나중에 장난감 기차를 갖고 놀 수가 있어."라고 말할 수도 있다.

다음은 엄마가 긍정적으로 '그래'라고 반응할 수 있는 경우를 예시한 것이다.

- "그래, 넌 누나가 받은 선물을 좋아하는구나. 하지만 그건 누나 것이니까 갖고 놀 만한 다른 것을 찾아보자."
- "그래, 나도 과자를 좋아해! 하지만 아침식사에는 뭘 먹어야 하지?"

철희는 당장은 계속 투덜대겠지만 엄마의 친절하고 긍정적인 '그래'는 장기적으로는 철희가 협력하는 태도를 보이는 데 도움이 될 것이다.

물론 가끔 부모가 단호하게 '아니'라고 말해야 할 때도 있다.

말이 씨가 될 수 있다.
긍정적인 기대를 갖도록 노력하라.

다비는 가스레인지의 손잡이를 향해 손을 뻗었다. 아빠는 다비를 들어올린 다음 "안 돼, 다비야. 가스레인지는 절대로 만지지 마. 뜨거워서 델 수 있거든. 자, 이 냄비를 갖고 식탁 밑에서 놀아."라고 말해 준 다음 바닥에 내려주고 냄비 몇 개와 나무숟가락을 주었다.

4. 신념과 행동

아이는 자신의 경험을 바탕으로 **신념체계**를 형성한다.

- 어떤 부모들은 자녀를 큰 소리로 야단치거나 깎아내린다. 그러면 그 자녀는 자신이 '**나쁘다**'고 믿기 시작할 것이다.
- 어떤 부모들은 자녀에게 "넌 해낼 수 있어!"와 "난 널 사랑해."라고 말한다. 그러면 그 자녀는 자신이 **가치** 있다고 믿기 시작할 것이다.

아이는 스스로에 대한 긍정적인 신념을 형성할 능력이 있다. 그리고 부모는 자녀가 긍정적인 신념을 형성하도록 영향력을 발휘할 수 있다. 긍정적 신념은 긍정적 행동의 기반이 된다. 부모는 자녀가 긍정적인 행동패턴을 발달시키도록 안내할 수 있다. 이를 위한 한 가지 방법은 자녀의 말 이면에 깔린 감정에 귀를 기울이고, 자녀를 존중하며 이해하는 반응을 함으로써 감정이 중요한 것임을 가르치는 것이다.

- "고양이가 할퀴면 아프지."
- "너는 욕조에 빨리 들어가고 싶구나."

또한 부모는 자녀가 부모의 감정을 존중해주기를 기대할 수 있다.

- "난 깨무는 게 싫어! 아파! 널 내려놓고 다른 놀잇감을 줄게."

위와 같이 자녀와 부모 자신의 감정을 존중하는 모습은 자녀에게 긍정적인 신념이 무엇인가를 보여준다. 또 부모가 자녀의 감정을 수용하는 모습과 부모에게도 감정이 있음을 보여준다. 그뿐 아니라 감정과 기분에 관해 긍정적으로 표현하는 방법을 보여준다.

영유아는 자기중심적인데, 이것은 지극히 자연스러운 현상이다. 그러나 부모가 처음부터 감정을 존중하는 모습을 보여주면 자녀는 점차 다른 사람의 감정도 존중하게 될 것이다.

신념이란 조금씩 긍정적인 영향을 받으면서 자라나는 화초라고 생각해 보자. 긍정적인 신념에서 긍정적인 행동이 나오며 긍정적인 행동은 보다 긍정적인 신념을 낳는다. 바로 지금이 긍정적인 신념과 행동을 배워나갈 시간이며 자녀를 지도하기 시작할 때이다.

5. 영유아의 생활에 중요한 사람들

영유아기 자녀는 매우 어리기 때문에 그들의 삶에서 엄마, 아빠, 손위 형제나 자매들은 가장 중요한 사람들이다. 현재 당신이 결혼한 상태라면 당신과 당신 배우자는 균등하게 부모역할을 분담할 수 있다. 자녀는 부모가 서로 돕는 모습을 보면서, 결혼한 부부는 서로 도와가며 살아간다는 것을 배우게 된다. 당신은 배우자의 뒷받침에 힘입어 평온하고 존중하는 태도를 유지할 수 있다.

당신은 한부모일 수도 있다. 만일 그렇다면 당신은 자녀의 친아빠(친엄마)와 부모역할을 분담하도록 최선을 다하라. 그것이 자녀를 위한 이상적인 상황이지만 이런 일이 항상 가능한 것은 아니다. 그때는 다른 이성의 성인을 찾아 자녀와 같이 시간을 보내도록 하라. 이때 이성의 성인은 당신이 잘 알고 신뢰하는 사람이어야 한다.

조부모가 이러한 역할을 해줄 수 있을 것이다. 할아버지나 할머니가 있는 아이는 특별한 관계를 누릴 수 있는 행운아이다.

조나는 네 살이다. 엄마 은지는 한 주에 2일은 야간수업을 받는다. 그런 날이면 조나는 할아버지의 아파트에 가서 함께 특별한 시간을 보낸다. 할아버지는 조나에게 책을 읽어주고 조나 엄마가 어렸을 때의 이야기도 들려주며 둘이 함께 블록쌓기도 한다. 조나는 할아버지네 주방 탁자에 앉아 그림 그리는 것을 좋아한다. 할아버지는 가끔 조나가 제일 좋아하는 음식을 만들어준다. 이처럼 은지는 아버지의 도움이 필요한데, 아버지와 조나가 함께 시간을 보낼 수 있어서 기쁘다. 은지는 혼자서 조나를 키우는 것이 힘들긴 하지만 이제는 아버지에게 조언을 요청하는 법을 배웠고, 아버지도 딸이 요청할 때 조언을 해주는 법을 배웠기 때문에 많이 편해졌다. 그러나 이렇게 되기까지의 과정은 쉽지 않았다. 은지와 아버지는 가족을 위해 무엇이 최선인지 생각하고 그것을 실행하는 방법을 찾기 위해 피나는 노력을 기울여왔다.

성인들끼리 잘 지내는 것은 힘들 수도 있지만 중요하고 보람 있는 일이다. 노력을 기울이면 그만큼 많은 보상이 따른다. 손자녀는 조부모와 특별한 관계를 맺을 수 있고 부모는 자녀를 키우는 데 조부모의 도움을 받을 수 있다. 또 성인들 간에 새롭게 친밀감을 다질 수도 있다.

유아에게는 놀이가 곧 '일'이다.

6. 놀이의 힘

생의 초기부터 아이들은 놀이의 세계에 빠져든다. 놀이는 자녀가 성장하도록 부모가 도울 수 있는 또 다른 중요한 분야이다.

놀이는 성인에게는 일을 멈추고 변화를 주기 위해 하는 활동이지만 아이에게 놀이는 그 자체가 곧 '일'이다. 다시 말해 아이들은 발달하기 위해 놀이를 해야만 한다. 영유아는 놀이를 통해 세상과 그 속에서 자신의 역할에 관해 배운다. 아이들은 성장함에 따라 필요하게 될 기술을 연습하게 되는데, 놀이하는 동안 시행착오를 통해 삶의 기술과 인생을 배우게 된다.

1) 자녀와 같이 놀아줘라

영아기, 걸음마기, 유아기의 자녀는 다양한 방식으로 부모와 놀이하는 것을 즐길 수 있다. 부모와 자녀가 함께 놀이를 함으로써 긍정적인 관계를 형성하며, 또한 자녀가 이를 배우도록 돕는다.

혜수는 생후 8개월이다. 혜수의 엄마는 매일 시간을 내어 혜수와 놀이를 한다. 혜수는 케이크만들기 놀이를 좋아하고 엄마가 내는 소리와 동작을 따라 한다.

아이가 '못되게 굴었다'고 처벌을 받으면 부모를 두려워하는 것을 배울 것이다.

두 살인 진수는 낮잠을 잔 후 아빠와 까꿍놀이하는 것을 좋아한다. 아빠는 담요 뒤에 얼굴을 숨겼다 담요를 한 번에 조금씩만 내리면서 진수에게 까꿍이라고 말한다. 진수는 아빠 코를 잡으려고 손을 뻗는데 갑자기 담요가 코를 가린다. 진수는 까르륵 소리 내어 웃는다. 그리고 나서 아빠는 아주 잠깐 동안 진수의 얼굴을 가리면서 까꿍놀이를 다시 시작한다. 진수는 언어를 사용하지 않고도 자신의 발달수준에 맞는 재미있는 놀이를 배우면서 역할교환도 학습한다.

아이는 조금 더 자라면 상상 속에서 놀이 친구를 만들어낸다. 이 가상놀이(make-believe) 친구는 아이가 상상력을 발휘하고 사회적 기술을 연습할 기회를 제공한다.

네 살인 자영이는 낡은 수건을 어깨에 두르고 슈퍼맨 흉내를 낸다. 자영이는 자신의 모험에 도움이 필요하자 웅기라는 친구를 상상 속에서 만들어낸다. 자영이는 웅기에게 자신의 장난감을 보여주기도 하고 봉제인형을 갖고 함께 놀기도 한다.

아이들은 부모와 떨어져 놀이하면서 스스로 탐색하고 학습할 자유를 갖게 되지만, 부모가 자녀와 놀이를 하는 것도 매우 중요하다. 만일 자녀가 부모를 원하면 함께 놀이를 하면서 즐거운 시간을 보내면서 놀이를 통해 자녀에게 기술을 가르치거나, 감정을 표현하도록 도울 수 있다. 인형이나 봉제 동물인형에게 말을 시킴으로써 아이가 감정을 말로 표현하도록 도울 수도 있다.

2) 장난감은 신중하게 선택하라

장난감은 유아의 상상력과 기술개발에 도움이 된다. 자녀를 위해 장난감을 고를 때는 다음의 요건을 중시한다.

- **안전성 :** 인화성 재료를 삼가하고 날카로운 모서리나 삼킬 우려가 있는 작은 부품이 없어야 한다.
- **견고성 :** 쉽게 망가지지 않아야 한다.
- **단순성 :** 아이가 장난감을 이용해서 창조할 수 있어야 한다(예를 들면 블록, 모래, 미술재료).
- **연령적합성 :** 아이의 나이, 능력과 발달단계에 맞아야 한다.

7. 부모역할 하기의 계획을 일찍 수립하라

행동이 말보다 강력한 효과를 발휘할 때가 많다. 부모는 자녀가 자립심, 존중감, 자신감, 책임감, 협동심이 있는 사람으로 성장하기를 원한다. 부모는 신중하게 선택한 부모됨의 접근방식 또는 부모유형에 의거해서 일상에서 부딪히는 문제와 난관에 대해 올바른 결정을 내릴 수 있을 것이다.

부모됨의 유형에는 여러 가지가 있는데, 그 중 가장 흔한 3가지는 **명령형**(giving orders), **양보형**(giving in), **자율형**(giving choices)이다.

1) 명령형

이런 부모유형은 일명 **권위주의적**(authoritarian) 부모유형이라고도 한다. 이 유형은 엄격하고 자녀에게 많은 규칙을 부과하며, 이 규칙들에 자녀가 무조건 복종할 것을 요구한다. 이 유형의 부모는 종종 보상과 처벌을 통해 자녀를 통제하려 한다.

자녀는 무엇을 배우게 될까?

보상은 자녀가 '착한 행동을 했을 때' 대가를 기대하게 만들지만 '나쁜 행동을 했을' 때 처벌을 하면 자녀는 부모를 두려워하고 앙심을 품게 된다. 그러나 아이들은 자연스럽게 성장하고 배울 자유와 그들 스스로 선택할 기회가 필요하다. 이를 통해 아이들은 한계와 책임을 배울 수 있다.

2) 양보형

양보형 부모유형은 **허용적**(permissive) 부모유형이라고도 한다. 허용적인 부모들은 자녀에게 아무런 제한도 가하지 않기 때문에 아이들은 지켜야 할 지침 없이 자라게 된다. 이 유형의 부모는 자녀가 원하는 것은 무엇이나 들어주고 양보한다. 이 경우 자녀들은 **버릇없는 응석받이**(spoiled)로 자라게 된다.

자녀는 무엇을 배우게 될까?

통제받지 않고 자란 아이는 남과 더불어 잘 지내는 데 어려움을 겪을 수 있다. 이러한 유형의 아이는 하고 싶은 대로 행동하고 다른 사람의 감정과 권리에 대해서는 배려할 줄 모른다. 그러나 사회는 분명히 제한이 있기 때문에 자신의 행동을 통제받지 않고 자란 아이는 사회 속에서

격려 STEP

자녀를 이해하려는 노력을 하라. 부모 스스로에게 다음과 같은 질문을 해본다.

- 내 자녀가 어떻게 느끼고 있는가?
- 내 자녀의 신념은 어떤 것일까?

자녀에게 부모가 이해하고 있음을 알도록 반응하라. 이때 판단하거나 비판하지 않도록 유의한다. 다음과 같은 말에 어떻게 반응해야 할지 연습해 본다.

- "난 그거 못해!"
- "엄마(아빠)는 치사해."
- "엄마(아빠)는 나보다 은수를 더 좋아해."
- "지수의 엄마는 날 싫어해."

격려방법에 관하여는 Chapter 3에서 자세히 다루겠다. 본 책은 각 장마다 '격려단계'를 삽입하여 부모가 격려를 습관화할 수 있도록 하였다.

적응하는 데 어려움을 겪을 수 있다.

3) 자율형(선택권 주기형)

어떤 접근방법이 효율적인 부모되기 목표를 달성하는 데 도움이 될까? 우리는 자녀에게 선택권을 주는 **민주적**(democratic) 부모유형이 가장 효과적인 것으로 생각한다.

민주적 부모유형이란 평등과 존중을 바탕으로 하는 부모를 말한다. 인간은 각자 능력, 책임과 경험은 다르지만 모두 하나의 인격체로서 동등하게 가치 있는 존재임에 틀림없다.

그렇다고 해서 자녀가 부모와 똑같은 특권을 누려야 한다는 의미는 아니다. 그것은 자녀의 소망을 중요하다고 인정해주고 가족의 의사결정 과정에 자녀를 적절하게 참여시키는 것을 말한다. 민주적인 부모는 자녀의 연령과 발달단계에 맞는 선택권을 자녀에게 부여한다.

유아는 스스로 선택할 수 있는 능력이 제한되어 있다. 그러므로 아직 스스로 알아서 규칙을 지키도록 맡길 수 없기 때문에 성인이 한계를 설정해 줄 필요가 있다.

두 살인 단비의 할머니는 단비가 과자접시를 만지지 않을 것이라고 기대할 수 없다. 이때 과자가 아이의 손에 닿지 않도록 하는 것은 할머니에게 달려 있다.

자녀가 정해진 한계를 넘었을 때 부모는 자녀가 그 결과를 경험하도록 해야 한다.

여섯 살인 마리는 장난감과 책을 잘 치우지 않고 여기저기에 놓아둔다. 아빠는 평온한 어조로, 마리에게 이제 책임감 있게 자기 물건을 치울 수 있을 만큼 컸으니 장난감을 갖고 논 다음에는 정리하도록 말한다. 여기서 아빠는 마리에게 선택권을 준다. 마리가 물건들을 치우지 않으면, 아빠가 장난감을 정리해서 마리가 책임질 자세가 될 때까지 보관하겠다고 말한다. 마리는 처음 하루, 이틀간은 정리정돈할 때 한두 개 빠뜨리겠지만 자기 물건을 정리정돈하는 것을 배우게 될 것이다.

민주적 양육 방법은 정해진 한계 내에서 선택권을 주어 자녀가 책임감을 배울 수 있도록 한다.

자녀는 무엇을 배우게 될까?

민주적 부모유형은 영유아기 자녀에게 일정한 한계 내에서 자유를 준다. 이렇게 하면 자녀는 자신의 선택이 중요하고 선택에는 책임이 따르며 타인을 존중해야 한다는 것을 배우게 될 것이다.

다음의 각 장에서는 이러한 방식에 기반을 두어서 자녀를 지도하는 다양한 방법들을 살펴볼 것이다. 이를 위해서는 우선 부모가 스스로를 이해하고, 자신의 행동으로 본보기를 보이며, 부모되기 기술을 터득해야 한다. 이 기반 위에서 부모는 용기와 협력하는 마음을 길러나갈 수 있을 것이다.

유아에게는 부모가 한계를 설정해 주어야 한다.

금주의 할 일

자녀에 대한 부모 자신의 기대를 되돌아본다.

- 나의 기대가 긍정적인가, 부정적인가?
- 나의 기대를 어떻게 변화시키고 싶은가?

기억해야 할 핵심 사항

1. 부모역할 하기의 도전은 자녀를 행복하고 건강하며 자립심, 자신감, 협동심, 책임감, 그리고 남을 존중하는 아이로 자라게 한다.
2. 모든 아이는 선천적으로 고유한 기질을 타고난다. 자녀의 기질을 있는 그대로 수용하고 그 안에서 자녀의 장점과 개성을 키워나간다.
3. 모든 아이는 제각기 발달단계를 거치는 속도와 유형에 차이가 있다.
4. 아이는 각자의 발달단계에 따라 새로운 기술을 익힌다.
   - 영아는 어른과 자신, 그리고 주변세계에 대한 신뢰감을 배운다.
   - 걸음마기 유아는 독립심이 싹트고 독립적인 행동을 시도한다.
   - 학령전기 유아는 자신의 세계를 창조한다. 이들은 언어능력도 급격히 향상한다. 어른의 역할을 연습하고 다른 아이들과 잘 지내는 것을 배운다.
5. 부모는 자녀에 대한 기대가 있다. 자녀는 부모의 기대를 알아차리고 종종 기대에 맞게 행동한다.
6. 스트레스를 완화함으로써 보다 효율적인 부모가 될 수 있다.
7. '아니'가 아닌 '예'라고 말할 기회를 모색하고 만든다.
8. 긍정적인 신념에서 긍정적인 행동이 나올 수 있다. 부모는 존중과 사랑을 보여주고 가르침으로써 자녀의 긍정적인 신념을 북돋울 수 있다.
9. 다른 성인도 부모로서의 당신 일을 도울 수 있다.
10. 자녀에게 놀이시간을 주어라. 아이에게는 놀이가 곧 '일'이다. 놀지 않고서는 성장·발달할 수 없다.
11. 자녀에게 한계를 정하고 선택권을 줌으로써 협동심과 책임감을 배우게 한다.

자신을 위해 이렇게 해 봅시다

스트레스 완화법

부모되기는 중요한 과업이다. 부모역할을 수행하면서 스트레스를 전혀 받지 않는다면 아마 인간이 아닐 것이다. 스트레스는 불쾌한 사건에 대한 반응이다. **스트레스**는 두통, 고혈압, 심장박동의 증가와 같은 신체적 반응이나 걱정, 불면증과 같은 정서적 반응으로 나타날 수 있다.

스트레스를 완화하고 극복하려면 어떻게 해야 할까? 다음과 같은 방법을 사용해 보라.

1. **심호흡을 하라 :** 15초 동안 심호흡을 한다. 억지로 심호흡을 하지 말고 자신에게 맞는 속도로 심호흡을 한다. 숨을 들이쉬면서 "진정", 내쉬면서 "하자."를 나직하게 말한다. "진정…하자…."

2. **자신과 대화하라 :** "무리하지 말자.", "넌 괜찮아." 또는 "곧 괜찮아질 거야."와 같은 간단하고 낙관적인 말을 자신에게 들려준다.

3. **미리 대비하라 :** 어떤 상황이 스트레스를 유발할 것 같으면 미리 대처하라. 그 상황을 직면하기 전에 심호흡을 몇 번 하고 자신에게 용기를 주는 혼잣말을 해준다.

4. **새로운 시각으로 보라 :** 힘든 상황을 극복할 수 없는 것으로 보지 말고 자신을 강하게 만들어줄 기회이자 도전으로 생각하라.

5. **스스로 격려하라 :** 자신을 있는 그대로 받아들이고 매일 시간을 내어 자신의 장점을 생각해 본다. 스스로에게 "난 능력이 있어!", "난 가치가 있어.", "난 스스로 결정할 수 있어!"와 같은 격려를 해 준다.

6. **스트레스 일지를 써라 :** 스트레스를 유발한 상황에 대해 기록한다. 스트레스 완화를 위해 자신이 어떠한 행동을 했으며, 그 상황에 자신이 얼마나 잘 대처했는지에 대해 스스로 평가하도록 기록한다.

<표 1>

출생에서 6세까지의 발달

모든 아이의 발달수준이 표에 나타난 것과 일치하는 것은 아니다. 아이의 발달수준에는 개인차가 있다.

연령(월령)	자녀의 학습영역과 수준	자녀의 행동
출생~3개월	신뢰감, 협동심, 자신의 힘 (예 울음의 효과)	머리를 가누고 물건을 잡고 쥔다. 목소리를 낸다. 다른 사람에 대한 반응으로 따라 웃는다. 괴로움, 기쁨, 흥분, 권태감을 표현한다. 일정한 수유 및 수면습관이 생긴다.
3~6개월	몸동작을 통해 주변환경을 조절한다.	받쳐주면 앉는다. 물건을 향해 손을 뻗고, 갑자기 물건을 잡는다. 소리를 모방한다. 좋고 싫음을 나타내는 소리를 사용한다. 친숙한 물건을 알아본다. 매우 사회적이다.
6~9개월	행동의 결과를 보다 확실하게 인식한다.	일어나 앉는다. 도움을 받아서 선다. 긴다. 엄지와 손가락들을 사용하여 작은 물건을 쥔다. '엄마'나 '아빠'를 말할 수 있다. 자신의 이름이나 '안 돼'라는 말을 인식한다. 다른 사람의 감정을 인지하고 다른 아이가 울거나 웃으면 따라 울거나 웃는다. 낯선 어른을 보면 불안해 하고 친숙한 것도 두려워할 때가 있다.
9~12개월	행동의 결과를 확실하게 인식한다.	기어서 계단을 오르내릴 수 있다. 의지하지 않고 선다. 옷 입힐 때 협조한다. 단어 몇 개를 말할 수 있다. 기분을 표현하고 알아차린다. 말이 아닌 몸짓이나 표정에 의한 의사표현을 알아차린다. 좋아하는 사람에게 애착을 보이고 자기 의지가 나타난다. 낯선 어른을 두려워하고 부모와 떨어지는 것을 불안해한다.
1~2세	자신감이 싹트기 시작한다.	보통 15개월 정도 되면 걸음마를 시작한다. 탐색하고 그릇을 비우고 채운다. 물건을 떨어뜨리고 던진다. 혼자서 먹을 수 있다. 독립욕구와 의존욕구가 공존한다. 보다 분명한 언어를 사용한다. 걸음마기에 접어든다.

연령(월령)	자녀의 학습영역과 수준	자녀의 행동
2~3세	더욱 자신감이 생긴다.	보다 독립적이 되어 무엇이든 자신의 방식대로 하고 싶어한다. 가끔 아기시절로 되돌아가고 싶어한다. 부딪히지 않고 돌아다닌다. 2~4단어로 된 문장을 말한다. '뭐야?'와 '왜?' 같은 질문을 한다. 주의집중과 기억력이 더욱 길어진다. 돕는 것을 좋아한다. 다른 아이 옆에서 따로 놀이를 한다. 대소변을 가리기 시작한다.
3~4세	사회성이 발달한다.	보다 협조적이 된다. 신체동작을 보다 정교하게 조절하게 된다. 말이 많아지고 이야기 듣는 것을 즐긴다. 부모처럼 되고 싶어한다. 성차를 인식한다. 입을 옷을 고르고 혼자서 입을 수 있다. 또래 아이와 같이 있고 싶어한다. 차례를 지키고 공유하는 것을 배운다. 어제, 오늘, 내일의 개념을 이해한다.
4~5세	이미 배웠던 능력이 더욱 발달한다.	어른보다 아이를 좋아한다. 가상의 친구를 만든다. 가정과 가족에 대해 확고하게 인식한다. 달리고 두 발 모아 점프하고 계단을 오르는 등 매우 활동적이 된다. 소근육활동이 증가한다. 말하고 생각을 표현하며 복잡한 질문하기를 좋아한다. 대소변을 잘 가리지만 가끔 실수할 수 있다. 시간개념이 발달한다.
5~6세	아동기 세계에 적응하고 학교에 다닐 준비가 된다.	다른 아이들의 의견을 배려하기 시작한다. 추리력이 발달한다. 손과 발동작을 잘 할 수 있다. 눈과 손의 협응력은 완전히 발달되지 않아 손과 관련한 사고가 많이 발생한다. 오른손잡이 또는 왼손잡이가 나타난다. 말이 많고 어휘력이 발달한다. 부모를 사랑하고 잘 도와준다. 친구 사귀기를 좋아한다. 양성의 친구들과 놀이한다. 공평성에 관한 개념을 형성한다. 독립적이고 어른처럼 대접받고 싶어한다.

Chapter 2

영유아의 행동 이해하기

하늘이와 예랑이는 네 살이다. 치과의사가 유치원을 방문하여 큰 칫솔로 대형 치아를 닦는 모습을 시연한 다음 "누가 이 의자에 앉아 치실 사용의 모델을 해줄래요?"라고 묻는다. 하늘이는 "저요, 저요!"라고 소리친다. 치과의사는 하늘이의 치아를 모델로 치실 사용법을 시연하면서 다른 아이들에게 설명을 한다. 하늘이는 너무 기뻐서 가만히 앉아 있지 못한다. 예랑이는 조용히 바라보며 손을 입에 갖다 대고 치과의사의 동작을 따라 한다.

하늘이와 예랑이는 서로 성격이 다르다. 하늘이는 외향적이며 새로운 것을 시도하고 싶어 하고 다른 사람들에게 주목받는 것을 좋아한다. 예랑이는 내성적이고 관찰하는 것을 좋아하며 관찰한 것은 모방한다.

본 장에서 배울 내용

- 자녀는 소속감에 관한 자기 나름의 신념을 갖고 있다.
- 자녀의 행동은 이러한 신념에서 나온다.
- 모든 문제행동이 반드시 잘못된 행동은 아니다.
- 자녀의 잘못된 행동은 4가지 목표 중 하나에 속한다 : 관심 끌기, 힘 과시하기, 앙갚음, 무능함 보이기.
- 긍정적인 면에 초점을 맞추면 긍정적인 행동을 유도할 수 있다.

영유아의 신념은 어디서 나오는가?

모든 인간과 마찬가지로 아이들도 소속감이 필요하다 : 받아들여지고 있다는 느낌 즉, 아이들은 소속감을 갖기 위해 어떠한 행동을 해야 한다는 신념을 가지고 있다.

아이들은 여섯 살이 되면 가장 기초적인 신념을 형성하며 가족, 친구,

학교와 같은 집단에 적응하는 법을 배운다. 이들 가운데는 예랑이처럼 관찰하고 조용히 새로운 것을 시도하는 아이도 있고 하늘이처럼 흥분해서 새로운 시도를 감행하는 아이도 있다. 하늘이와 예랑이는 둘 다 세상이 호의적이라는 신념하에 협력을 통해 자신의 위치를 찾는다. 그러나 둘은 이 신념을 다른 방식으로 표출할 수도 있다.

다른 시각을 가진 아이도 있을 수 있으므로 어떤 아이는 세상이 적대적이라고 믿을 수도 있다. 이런 아이는 다른 사람과 어울리는 것을 피하려 할 것이다.

에디의 아빠는 항상 에디에게 "넌 너무 어려! 다칠 수도 있어! 조심해라!"라고 말했다. 그 결과 에디는 "세상은 무섭다. 나 자신을 믿을 수가 없다."고 생각하게 되었다. 에디에게는 이 신념이 합리적이고 자신의 경험과 일치하는 것으로 보이지만 실제 세계에서 이 신념은 논리적이지 않다.

태어나는 순간부터 아이는 소속감을 위한 자기 나름의 특별한 방법을 배운다.

아이들은 자신의 신념을 자각하지 못하며 어른들의 경우도 마찬가지이다. 그러나 신념은 우리가 적응할 것인가, 저항할 것인가, 아니면 중립을 취할 것인가를 결정하는 좌표가 된다.

신념은 다음의 4가지를 보는 아이의 시각에서 나온다.

- 가족이 중요하게 생각하는 가치
- 부모의 말과 행동
- 부모역할 유형
- 아이의 가족 내 위치

1. 가족이 중요하게 생각하는 가치

모든 가족은 자체의 독특한 멋 또는 색깔을 가지고 있는데, 이를 **가족의 분위기**(family atmosphere)라고 한다. 또한 개개 가족의 성인 구성원들은 나름대로 **가치관**을 가지고 있다. 가족 전체의 분위기와 성인

구성원들의 가치관이 어우러진 가운데 자녀는 그 가족에게 중요한 가치가 무엇인지를 은연중에 받아들이게 된다.

아빠와 엄마가 있는 아이에게 있어서 가족의 가치란 아빠와 엄마 둘 모두가 중요한 어떤 것을 뜻한다. 이것은 아빠와 엄마가 서로 의견이 다른 경우에도 마찬가지이다.

어느 부부가 두 살과 세 살짜리의 두 딸을 두고 있다. 이들은 자녀를 매우 활동적으로 키우고 있다. 엄마는 운동경기 하는 것을 좋아하고 이기고 싶어한다. 아빠는 그냥 좋아서 운동을 한다. 아빠는 혼자서 하는 조깅이나 자전거 타기를 좋아한다.

이 가족에게는 운동이 소중한 가치이다. 두 딸이 자라면 축구나 농구 같은 경기를 하거나 혼자서 하는 운동을 선택할 수도 있다. 또 두 딸 중 한 아이는 운동을 좋아하고 다른 아이는 운동을 거부할 수도 있다. 두 아이가 어떤 선택을 하든 그 선택이 이 가족의 가치에 대한 나름대로의 반응이라는 사실에는 변함이 없다.

가족 내의 변화는 가족의 분위기에도 영향을 미친다.

- 한부모 가족이 재혼하면 새아빠 또는 새엄마가 새로운 가족의 가치를 유입하기 때문에 가족의 분위기가 바뀌게 된다.
- 부모가 별거하거나 이혼하면 자녀는 가족의 가치를 더욱 강하게 의식한다. 특히 부모가 견해차를 보이는 가치에 대해서는 더욱 심하다.
- 한부모가 새로운 관계를 찾거나 재혼하면 자녀는 서로 다른 분위기와 가치관을 가진 두 가족에 속하게 된다.

2. 부모의 말과 행동

아이는 자신의 삶에 중요한 어른들의 말과 행동을 보면서 남녀의 성역할과 인간관계를 학습한다. 아이는 어른들이 서로 어떻게 대하는 가를 보고 배우며, 어른들이 어떻게 말하고 행동하는가를 관찰하고 모방한다.

부모는 자신의 말과 행동으로 부모 자신이 소중히 여기는 것이 무엇인지 보여주며 자녀는 부모에게서 어른의 역할을 배우기 시작한다. 부모가 자녀, 자기자신, 배우자와 다른 사람들을 존중하고 소중히 여기는 모습을 보여주면 자녀는 존중에 대해 배우게 된다.

3. 부모역할 유형

부모가 자기자신은 물론 자녀와 다른 사람들을 존중하고 가치 있다고 여길 때, 자녀는 상호존중을 배우게 된다.

chapter 1에서 부모역할 하기 유형에 관해 살펴보았다. 부모역할 유형은 자녀가 특정한 신념체계를 형성하는 데 많은 영향을 미친다.

- 명령하고 변화를 강요하는 부모 슬하에서 자란 아이는 반항하고 경쟁하는 경향을 보인다. 이들은 소속을 위해서는 대장이 되어야 한다고 생각하기도 한다.
- 선택권을 주는 부모 슬하에서 자란 아이는 협력이 함께 어울려 사는 방식임을 배우게 되고 사람은 누구나 중요한 존재임을 알게 된다.

4. 아이의 가족 내 위치

자녀의 가족 내 '위치(place)'는 **출생순위**라고도 한다. 출생순위는 자녀의 신념체계에 영향을 미친다. 자녀의 위치는 외동아이일 수도 있고 맏이, 둘째, 가운데 또는 그 가족의 '아기'인 막내일 수도 있다.

1) 외동아이

외동아이는 부모의 관심을 독차지하므로 다른 아이들과 어울리는 데 어려움을 느낄 수 있다. 외동아이는 많은 시간을 혼자 놀게 되면서 그들 스스로 혼자 노는 법을 배운다. 또한 부모나 부모의 친구들과 시간을 보내기도 하므로 창의성이 뛰어나고 어른처럼 행동하기 쉽다.

2) 맏이

맏이는 한때 외동이었다가 동생이 태어나면서 많은 관심을 빼앗기게 되어 힘들었던 경험이 있다. 대개 맏이는 대장노릇 하기를 좋아한다. 맏이는 자라면서 지도력과 협동심을 배울 가능성이 높고 부모와 동생들이 도움을 구하는 경우가 많기 때문에 책임감도 배우게 된다.

3) 둘째 아이

둘째 아이는 맏이처럼 부모의 관심을 독차지해 본 경험이 없으며, 이들은 맏이를 따라잡거나 능가하기 위해 노력하는 경향이 있다. 가끔 둘째는 맏이와 정반대가 되려 한다. 따라서 맏이가 '착한' 아이라면 둘째는 '못된' 아이가 될 수도 있고, 맏이가 혼자 있는 것을 좋아한다면 둘째는 뛰어난 사회성을 갖게 될 가능성도 있다.

4) 중간 아이

가운데 끼인 아이는 자신이 형제자매 사이에 끼어 주목을 받지 못하는 존재라고 느낄 때가 많다. 하지만 이들은 모든 부류의 사람들과 원만하게 지내는 법을 배울 수 있다. 물론 어떤 중간 아이들은 스스로에 대한 확신이 부족하고 공평한 인생을 원하는 경향이 있다. 이들은 관심을 끌기 위해 잘못된 행동을 할 수도 있으나 새로운 상황에 쉽게 적응하기도 한다.

5) 막내

막내는 다른 형제자매처럼 노력할 필요가 없다. 이들은 안전함을 느끼고 애교 많은 다정한 성격이 될 수도 있으며, 또는 자신만 소외되었다고 느끼고 대장 행세를 하려는 까다로운 성격이 될 수도 있다. 또 어떤 막내는 손위 형제가 다 할 수 있는 것을 자신은 못하기 때문에 포기를 잘하는 성격이 될 수도 있고, 자신의 매력을 이용하여 다른 사람의 도움을 얻어내는 경우도 있을 수 있다. 가끔은 다른 형이나 누나처럼 능숙해지기 위해 열심히 노력하기도 한다.

6) 자녀는 자신의 가족 내 위치를 어떻게 볼까?

자녀의 가족 내 위치는 실제 출생순위뿐 아니라 자녀가 자신의 위치를 어떻게 보느냐에 따라 영향을 받는다.

금나(열두 살), 준영(네 살)이와 준식(두 살)이는 한 가족이다. 금나는 출생순서로 보면 맏이지만 8년간 외동아이였기 때문에, 남동생이 태어났어도 외동아이처럼 행동한다. 준영이는 출생순서로 보면 중간 아이이지만 터울이 많은 금나보다 준식이를 더 의식하고 마치 두 형제의 맏이인 것처럼 행동한다.

7) 자녀의 가족 내 위치는 변화한다.

가족에게 새로운 자녀가 생기면 아이의 가족 내 위치는 변하게 된다. 예를 들어 아빠 또는 엄마가 자녀가 있는 새엄마(새아빠)와 재혼하게 되면 새로운 가족 내에서 자녀의 위치는 변하게 된다. 그러나 자녀는 원래의 가족 내 위치를 기억하기 때문에 자녀가 변화에 적응하는 데 중요한 역할을 하게 된다.

가끔 자녀들은 가족 내 자신의 위치를 지키기 위해 경쟁하기도 한다. 예를 들어 맏이는 외동 아이의 위치를 지키기 위해 노력하기도 하는데, 이러한 경쟁은 자녀의 신념과 행동에 큰 영향을 미친다. 자녀끼리 경쟁할 때는 한 자녀가 그 경쟁에서 이기면 다른 자녀는 좌절감을 느끼거나 자신이 실패자라고 생각하게 된다.

8) 출생순위에 관한 신념 : 부모는 무엇을 할 수 있는가?

자녀가 출생순위에 관해 긍정적인 신념을 형성하도록 돕는 방안이다.

• 막내를 '아가'라고 부르지 않는다.
• 막내에게 도움을 요청한다.
• 항상 맏이만 제일 먼저 챙기지 않는다.
• 맏이와 외동아이는 다른 아이와 교류하는 법을 배울 필요가 있으므로 어린이집이나 유치원에 보낸다.
• 중간 아이에게 지나친 동정을 하지 않는다.
• 각각의 자녀와 단 둘이서 어떤 일을 함께 하는 시간을 가진다.

영유아는 왜 그렇게 행동할까?

아이는 신념을 형성하는 동시에 **행동양식**(patterns of behavior)을 형성한다. 아이는 자신의 적응목표를 달성하려 노력하기 때문에 어떤 행동들을 사용하게 된다.

유아기는 소속감을 배우는 시기이다. 유아는 성장과정에서 일단 부모의 특정한 반응에 소속감을 느끼게 되면 다시 그 반응을 얻기 위해 행동하는 법을 배워나간다.

재영이는 2년 6개월 된 남자아이이다. 그는 아빠가 세차하는 것을 도움으로써 소속감을 느끼고 싶어한다. 재영이는 물이 든 양동이에서 스펀지를 꺼내 차체 옆 부분에 찰싹 던지면서 웃으며 말한다. "나도 아빠랑 차 씻어." 아빠는 아들에게 "재영아, 도와줘서 고마워. 차를 아주 깨끗하게 해주는구나."라고 말한다. 재영이는 자신이 남을 잘 돕는 사람이라고 생각하기 시작한다.

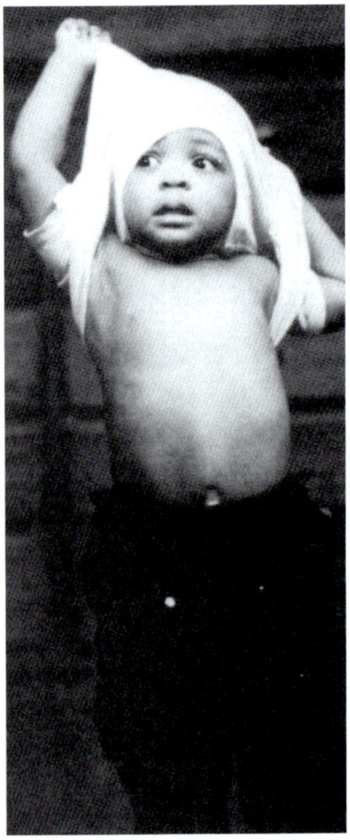

아빠는 재영이가 소속감을 위한 긍정적인 방법을 배우도록 돕고 있다. 만약 아빠가 바빠서 재영이에게 "넌 차 씻는 걸 돕기엔 너무 어려. 저리 가서 놀아."라고 말했다고 생각해 보자. 그래도 재영이는 소속감을 추구하려고 울음을 터뜨리거나 호스로 아빠와 차에 물을 뿜을 수 있다. 그렇게 되면 아빠는 재영이의 부정적인 행동에 대처해서 반응을 보이게 되고 재영이는 아빠를 끌어들이는 방법을 알게 되는데, 이것도 소속감을 찾는 방법이다. 후에 재영이가 소속감을 느끼고 싶으면 어떻게 할까? 아마 부정적인 행동으로 자신의 '위치'를 확보할 수 있다고 생각하게 될 것이다.

심리학자 루돌프 드라이커스는 자녀가 잘못된 행동을 할 때는 **낙담**했기 때문이라는 것을 발견했다. 낙담한 아이는 소속감을 느끼고 싶지만 유익한 방법으로는 소속감을 느낄 수 없다고 믿는다. 그래서 이들은 잘못된 행동이 효과가 있다는 것을 알게 되면 소속감을 느끼기 위해 잘못된 행동을 하게 될 것이다.

자녀가 잘못된 행동을 할 때에는 다음의 4가지 중 하나를 목표로 한다.

- 관심 끌기(Attention)
- 힘 과시하기(Power)
- 앙갚음(Revenge)

• 무능함 보이기(Displaying Inadequacy)

드라이커스는 위의 4가지를 '잘못된 행동의 4가지 목표'라고 이름을 붙였다. 이들 목표를 이해하면 자녀의 신념과 원하는 바가 무엇인지를 알게 되고, 자녀가 보다 긍정적인 행동을 하도록 안내할 수 있기 때문에, 잘못된 행동의 목표를 이해하는 것은 중요하다.

1. 무엇이 '잘못된 행동'인가?

드라이커스는 잘못된 행동이라는 단어에 특별한 의미를 부여했다. 그는 잘못된 행동이란 **협력을 통해 자신의 위치를 찾는 데 실패**한 데서 나오는 행동이라고 정의하고 있다. 그러나 우리가 흔히 말하는 모든 잘못된 행동이, 드라이커스가 말하는 잘못된 행동의 정의에 해당하는 것은 아니다. 만일 한 아이가 잘못된 행동을 한다고 말하기 위해서는 우선 발달단계를 살펴보아야 한다.

아리는 생후 9개월 된 남자아이이다. 그가 고양이의 꼬리를 잡아당기는 것은 힘을 과시하려는 행동이 아니라 그냥 호기심에서 나온 행동이다. 이 시기의 아이에게는 호기심이 정상적인 발달단계의 한 부분이다.

생후 14개월 된 나리가 화분의 흙에 손을 쑤셔넣는 것은 관심끌기가 아니라 단순히 흙을 만져보고 싶어서이다.

두 살인 세미가 행사장에서 소리를 지르며 뛰어다니는 것은 흥분했기 때문이다.

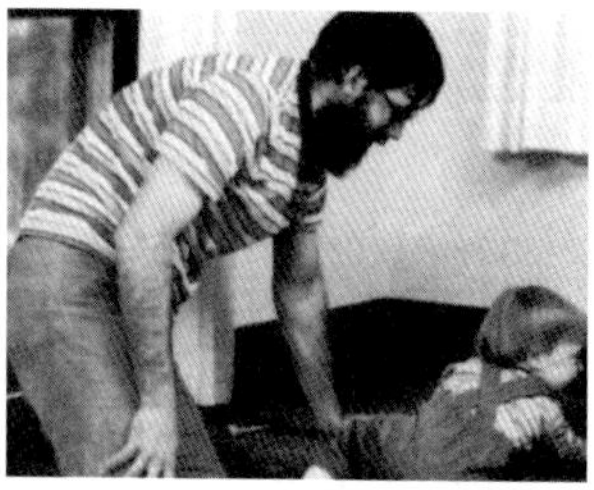

자녀의 행동을 변화시키려면 먼저 부모 자신의 행동을 변화시켜라.

어떤 때에 아이들은 호기심, 피로, 질병, 배고픔 또는 지루함 때문에 부정적 행동을 한다. 또는 서툴러서 실수를 하였거나 도와주려 시도한 것일 수도 있다. 이런 행동은 문제를 일으키긴 했지만 **실제로는 잘못된 행동이 아니다**. 이때 부모가 자녀는 '바르게 행동해야 한다'고 생각한다면 그것은 비현실적인 기대이다.

세 살인 마루는 개의 목에 끈을 매어 세발자전거 뒤에 끌고다니며 '산책' 한다고 생각한다. 마루는 단지 사랑하는 개와 같이 놀고 싶을 뿐이다.

다섯 살인 나미는 이모네 집 앞의 혼잡한 차도를 허락 없이 건너서 이모를 경악하게 만들었다. 그러나 나미는 한적한 동네에 살기 때문에 어른의 허락을 받지 않고 길을 건너도 된다고 배웠다. 어느 누구도 이모네 동네는 달리 행동해야 한다고 말해주지 않았다.

가끔 자녀는 어떤 의미도 없이 '잘못된 행동' 을 하는 경우가 있는데, 이때 부모의 반응이 자녀의 다음 행동에 영향을 미칠 수 있으므로, 부모는 자녀가 보다 나은 행동양식을 찾을 수 있도록 도와주는 반응을 해야 한다.

걸음마기인 선명이가 우유를 쏟았다. 실수일 수도 있고 또는 우유가 바닥에 쏟아지면 어떻게 될지 알기 원해서일 수도 있다. 선명이의 의도가 어느 쪽이었든간에 엄마가 "얘, 그러지 마! 네가 난장판을 만들어놨구나!"라고 소리치면, 선명이는 엄마의 관심을 끌고 싶을 때에는 다시 우유를 '쏟을' 것이다. 이때에는 잘못된 행동이 된다.

대신 엄마는 보다 차분한 반응을 보일 수 있다. 엄마가 선명이에게 휴지를 주면서 말한다. "어머나, 우유가 쏟아졌네. 치워야겠다. 선명아, 너 바닥을 닦을 수 있지." 이런 방법은 엄마가 선명이에게 실수는 할 수도 있다는 신념을 갖게 하며, 자기 자신이 실수를 바로잡는 데 도움이 될 수 있다는 점을 알도록 해준다.

2. 잘못된 행동의 목표

'잘못된 행동의 4가지 목표' 를 하나씩 살펴보도록 하자. 이제 우리는 문제를 일으켰지만 정상적인 행동인지 아니면 진짜 잘못된 행동인지 구분할 수 있다.

관심 끌기 : 모든 아이들은 관심이 필요하다. 아기나 유아에게 관심을 주는 것은 부모의 역할 중 가장 큰 부분이다.

네 살인 혜은이는 정글짐 놀이기구에서 새로운 기술을 배우고는 엄마에게 보라고 소리친다. 이때 혜은이가 관심을 끌고 싶어하는 것은 자연스럽고 당연하다. 엄마는 벤치에 앉아 책을 읽다 고개를 들고 혜은이의 묘기를 보면서 "그걸 네가 혼자 힘으로 할 수 있게 되었구나. 네가 재미있어 하니 엄마도 좋구나!"라고 말하고는 다시 책 읽기를 계속한다. 혜은이는 놀면서 기술을 연습한다.

혜은이는 관심을 요청하자 엄마가 호의적인 관심을 보여주어 소속감을 느낀다. 엄마는 혜은이의 성취를 인정해주고 혜은이가 정글짐 기어오르는 것을 얼마나 좋아하는지 인정해준다.

언제, 관심 끌기가 잘못된 행동의 목표로 되는가? 자녀가 오로지 관심을 요구해서 획득할 때에만 소속된다는 신념을 가질 때이다.

만일 혜은이가 "내 새 묘기를 봐요……. 다시 봐요……. 엄마도 좋아요? 다른 묘기하는 것 봐요. 엄마도 봤어요? 날 다시 봐줘요……. 엄마, 봐요!"라고 말한다면 어떨까? 엄마가 계속 책을 읽으려 하면 혜은이는 관심 끌기 노력을 계속할 것이고, 심지어는 더 많은 관심을 끌려고 정글짐에서 뛰어내릴 수도 있다. 이때에는 혜은이가 엄마의 관심을 끌어야만 소속된다는 신념을 갖고 있음을 알 수 있다.

힘 과시하기 : 긍정적인 의미의 힘은 아이에게 스스로 통제할 수 있다는 느낌을 준다. 그것은 독립성을 향한 중요한 단계이기도 하다.

생후 18개월 된 동훈이가 스스로 음식을 먹고 싶어한다. 부모는 자녀에게 유아용 접시와 숟가락을 준다. 부모는 동훈이가 아직 숟가락질이 미숙해서 밥 흘리는 것을 인정해주면서 가끔씩 동훈이를 보며 말해 준다. "너, 수저를 잘 사용할 수 있구나! 누구의 도움 없이 혼자 힘으로 먹을 수 있네." 동훈이는 지금 바람직한 방법으로 힘을 사용하고 있으며 긍정적인 방식으로 소속의 욕구를 만족시키는 법을 배운다. 이처럼 자녀 행동에 대한 부모의 반응은 소속감 추구에 큰 영향을 준다.

긍정적인 힘의 사용은 자녀에게 조절능력을 준다. 부모는 자녀와 힘을 공유하는 법을 배워야 한다.

만일 동훈이의 부모가 음식을 먹여주겠다고 하면 어떻게 될까?

동훈이는 혼자 음식을 먹지 못하는 데 대해 좌절감을 느끼고, 자기가 대장임을 보여주려 밥 먹기를 거부하거나, 가장 좋아하는 턱받이를 달라고 하든지, 아니면 서서 밥을 먹겠다고 고집을 부리거나, 음식을 던질 수도 있다. 이에 대해 부모가 굴복하거나 맞서 싸우면 동훈이는 다음에는 더 큰 힘을 추구하고, 자신이 대장이 되어야만 소속될 수 있다는 신념을 갖게 될 것이다.

앙갚음 : 자녀가 부모와의 힘겨루기에서 지면 잘못된 행동의 세 번째 목표인 앙갚음을 선택할 수 있다. 즉, 자기 마음이 상한 만큼 남에게 상처를 **주어야만 소속**될 수 있다는 신념을 갖게 된다. 아이는 앙갚음을 하기 위해 이 목표를 추구한다.

민나는 네 살이다. 평일 아침에는 아빠가 민나를 어린이집에 데려간다. 아빠는 민나가 가능한 한 잠을 충분히 잘 수 있도록 깨우지 않고 최후의 순간까지 기다리곤 한다. 그래서 서둘러 민나의 옷을 입혀야 한다.

민나는 관심을 끌고 싶어 "나 잡아 봐라." 놀이를 하려고 한다. 아빠는 아이를 쫓아다니다 짜증이 나고 화가 치민다. 아빠의 부정적인 관심에 대해 민나는 힘 과시하기를 나타낸다. 민나는 아빠가 옷을 입히려 하면 발버둥을 치고 소리를 지른다. 전면적인 힘겨루기가 시작된다. 민나는 "싫어, 안 할 거야."라고 소리치고 아빠는 "그래? 네가 안 하곤 못 배길 걸."이라고 맞고함친다. 아빠는 민나에게 억지로 옷을 입히고 민나는 "아빠 미워! 아빠 치사해."라고 소리를 지른다. 둘 다 상처입고 화가 난 채 어린이집으로 향한다.

걸음마기 이전까지는 앙갚음을 목표로 삼는 경우가 드물지만, 걸음마기에는 때때로 나타날 수도 있다. 그러나 영아기에는 앙갚음하기 위해 잘못된 행동을 하는 경우는 없다. 걸음마기와 유아기가 되어야 비로소 앙갚음을 목표로 잘못된 행동을 하기 시작한다.

자녀가 '잘못된 행동의 4가지 목표' 중 하나를 달성하기 위해 잘못된 행동을 되풀이할 것인지 아닌지는 부모의 반응에 달려 있다.

무능함 보이기 : 무능함 보이기는 대체로 영아기와 걸음마기에는 나타나지 않는데, 이는 긴 기간에 걸쳐 좌절을 겪은 연후에야 무능함 보이기 행동이 나타나기 때문이다. 수개월 또는 수년에 걸쳐 긍정적인 행동으로 소속감을 추구했지만 실패한 아이는 자신이 무력하다는 것을 남에게 확신시켜야만 소속될 수 있다는 신념을 갖게 된다. 이들은 자신을 포기하고 주변 사람들도 자기에 대해 포기해주길 바란다.

무능함 보이기를 나타내는 아이는 매우 낙담한 상태이다. 이러한 아이는 격려해 주는 것이 중요하다.

삼촌은 다섯 살인 상수가 색칠하는 것을 보고 "너 이름 쓰기 배웠니?"라고 묻는다. 상수는 "아뇨."라고 대답한다. 삼촌은 "이리와 봐, 내가 어떻게 쓰는지 알려줄게."라고 말한다. 상수는 "아뇨, 난 할 줄 몰라요."라고 말하면서 고개를 떨어뜨린다. 삼촌은 "그래, 뭘 색칠하고 있었니?"라고 말한다.

이 사례에서 삼촌은 상수가 어렵지 않게 할 수 있는 활동으로 초점을 바꿈으로써 상수를 격려하였다. 삼촌의 격려는 상수 자신이 쓰기를 할 수 있다는 신념을 갖도록 돕는 첫걸음이 될 수 있다.

그러나 상수는 왜 자기 이름 쓰는 일에 대해 좌절하고 있는 것일까?

상수는 네 살 때 글자 쓰기를 배우기 시작했다. 이때 아이는 상수를 성소라고 뒤집어 썼다. 많은 또래 아이들이 이런 실수를 저지르지만 아빠는 "안 돼, 상수야. 그건 틀려. 그건 'ㅓ' 지 'ㅏ'가 아냐."라고 지적하곤 했다. 이것이 거듭되면서 상수는 이름 쓰기를 할 수 있다는 자신감을 잃어버리고 포기해버린 것이다.

아빠는 상수의 쓰기활동을 돕기 위해 한 행동이었으나 상수가 실수할 기회를 주지 않음으로써 아이에게 좌절감을 안겨주었다. 실수는 배우는 과정의 일부이다. 만약 이때 아빠가 그의 기대를 변화시켰다면 어땠을까? 아빠는 상수가 실수로 잘못 쓴 글자는 무시하고 그 대신 상수에게 다음과 같이 말해 줄 수 있다. "네가 자기 이름 쓰는 것을 배우고 있구나! 재미있니?"

영유아가 잘못된 행동을 하는지 어떻게 알 수 있을까?

목표 인식하기

다음의 3가지를 확인해 본다.

1. 잘못된 행동에 대해 나는 어떻게 느끼는가?
2. 나는 자녀의 잘못된 행동에 대해 어떻게 대응하는가?
3. 나의 행동에 자녀가 어떻게 반응하는가?

대개 영아기에는 잘못된 행동이 나타나지 않기 때문에 부모들은 영아는 잘못된 행동을 하지 않는다고 확신하곤 한다.

울며 보채는 갓난아기는 아마 배가 고프거나 피곤하다는 사실을 표현하는 것일 수 있다. 아기는 가볍게 다독거리거나 흔들어주면 쉽게 잠이 들기도 한다.

좀 더 큰 아기는 힘 과시하기나 관심 끌기를 추구할 가능성도 있으나 생후 1년까지는 단순히 실제 욕구를 충족시키기 위해 시도하려는 가능성이 높다. 만일 부모가 분명히 자녀의 욕구를 충족시켜 주었다고 믿는데도 문제행동이 계속된다면 어떻게 할 것인가? 아마도 아기는 관심 끌기나 힘 과시하기를 목표로 한다고 추정할 수 있다. 이때에는 몇 분 기다렸다 울음소리에 반응을 함으로써 무엇이 잘못되었는지 파악하는 데 도움을 줄 수 있을 것이다.

1. 단서를 발견하기

아이가 성장함에 따라 부모는 진짜 잘못된 행동을 점점 더 쉽게 인식할 수 있게 될 것이다. 부모는 자녀의 행동목표를 어떻게 확인할 수 있는가? 자녀의 행동에 대한 부모 자신의 반응을 관찰해 보라.

1) 관심 끌기

만일 자녀가 관심 끌기를 추구한다면 다음과 같은 상황이 관찰된다.

1. 부모는 귀찮고 짜증이 날 것이다.
2. 부모는 자녀에게 재삼 상기시키거나 달래려고 할 것이다.
3. 자녀는 일시적으로 중단했다 나중에 다시 잘못된 행동을 하거나 보다 많은 관심을 끌기 위해 또 다른 잘못된 행동을 할 것이다.

2) 힘 과시하기

만일 자녀가 힘 과시하기를 추구한다면 다음과 같은 상황이 관찰된다.

1. 부모는 화가 난다.
2. 부모는 자녀에게 부모 요구에 맞게 행동하도록 강요하거나 또는 부모가 자녀에게 굴복한다.
3. 부모가 싸우면 자녀도 맞서 반항한다. 부모가 굴복하면 자녀는 원하는 대로 이루어졌기 때문에 잘못된 행동을 중단한다.

3) 앙갚음

만일 자녀가 마음의 상처를 입고 앙갚음을 원한다면 다음과 같은 상황이 관찰된다.

1. 부모는 마음의 상처를 입고 화가 난다
2. 부모는 자녀에게 앙갚음하려 한다.
3. 자녀도 앙갚음하려 잘못된 행동을 더욱 많이 한다. 보복전이 예상된다.

대개 영아는 잘못된 행동을 하지 않으므로 영아기는 잘못된 행동목표를 갖지 않는다고 추정할 수 있다.

기억하라 : 영아기에는 앙갚음을 추구하지 않지만 걸음마기에는 드물게 앙갚음을 추구할 수도 있다. 그러나 이 시기에 통제불능의 행동을 보이는 것은 단순히 화가 나거나 극도로 흥분했기 때문일 수 있다.

4) 무능함 보이기

만일 자녀가 무능함 보이기를 한다면 다음과 같은 상황이 관찰된다.

1. 부모는 포기하고 싶어진다. 부모는 자녀의 무능하다는 생각에 동의한다.
2. 부모는 자녀를 포기했기 때문에 아무 행동도 취하지 않는다. 부모는 자녀에게 주어진 과업이 너무 어렵다는 데 동의한다고 말하기도 한다.
3. 자녀는 개선되지 않는다.

2 '소극적' 목표를 관찰하기

무능함 보이기는 소극적 행동이다. 아이가 관심을 보이지 않으며, 아무 것도 하지 않으려는 행동을 말한다. 다른 3가지 행동목표에도 소극적 행동이 표출될 수 있다.

- 부모가 시중들어주기를 기다리는 아이는 소극적으로 관심 끌기를 추구하고 있을 가능성이 있다.
- 침묵으로 완강하게 거부하는 아이는 소극적으로 힘 과시하기를 추구하고 있을 가능성이 있다.

• 부모를 노려보는 아이는 소극적으로 앙갚음을 추구하고 있을 가능성이 있다.

이러한 소극적 행동에 대해서도 부모의 느낌, 부모가 취하는 행동, 부모의 행동에 대한 자녀의 반응을 관찰함으로써 목표를 파악할 수 있다.

3. 잘못된 행동목표에 관해 구체적으로 살펴보기

모든 유아는 소속의 욕구를 가지고 있으며 잘못된 행동은 소속욕구를 충족하기 위한 방법임을 살펴보았다. 그러나 자녀가 의식적으로 '난 힘의 과시를 원해' 또는 '난 앙갚음하고 싶어'라고 생각하는 것은 아니다. 오히려 자녀는 부모의 반응을 보고 잘못된 행동이 효과가 있다는 것을 배우게 된다.

일반적으로 아이들은 자신의 잘못된 행동에 목표가 있다는 것을 의식하지 못한다. 하지만 자녀의 잘못된 행동에 한 가지 이상의 목표가 있는 경우도 있다. 이때의 목표는 자녀가 상황을 보는 시각에 따라 달라진다.

세 살인 수민이는 집에서 관심을 끌기 위해 익살을 부리곤 한다. 그러나 유치원에서는 익살을 부려도 원하는 관심을 끌지 못하자 관심을 끌기 위해 다른 방법을 사용한다. 수민이는 선생님 뒤를 졸졸 따라다니고, 선생님이 다른 아이와 대화할 때 방해하며, 제일 앞줄에 서기 위해 다른 아이를 떠밀기도 한다. 이와 같이 수민이의 관심 끌기 행동은 힘겨루기로 옮겨가는 양상을 보인다.

마찬가지로 한 가지 행동이 여러 다른 목표를 추구하는 데 사용되기도 한다.

자녀가 기대하지 않을 때, 긍정적인 관심을 표시하라.

스스로 신발끈을 묶을 수 있는 여섯 살짜리 아이가, 부모가 신발끈을 묶어줄 때까지 기다린다면 목표는 관심 끌기이다. 그러나 아이가 자신이 신발끈을 묶을 수 없다고 확고하게 믿고 있다면 목표는 무능함 보이기이다.

같은 목표를 추구하기 위해 여러 다른 행동이 사용될 수도 있다.

두 살인 선희는 차를 타기 싫을 때 우는 행동으로 힘 과시하기를 추구하지만 나중에 잠자기 싫을 때에는 침대에 안 올라가겠다고 거부하는 행동으로 힘 과시하기를 추구한다.

잘못된 행동의 심리적 목표는 부모의 감정, 부모의 행동과 이에 대한 자녀의 반응을 관찰함으로써 파악할 수 있다는 것을 기억하라.

영유아가 잘못된 행동을 할 때에는 어떻게 해야 할까?

자녀의 힘겨루기나 보복전은 부모가 받아주지 않으면 성립될 수 없다.

부모는 자녀가 잘못된 행동을 하는 원인이 아니다. 자녀는 스스로 자신의 행동을 선택하지만 부모가 어떻게 반응하는가에 따라 자녀의 행동에 영향을 주게 된다.

부모가 자녀의 기대대로 반응하면 자녀의 잘못된 심리적 목표는 달성되고 자녀는 효과가 있는 행동을 그만두지 못하게 된다. 만일 칭얼거려서 부모의 관심을 끌 수 있다면 왜 그만두겠는가? 심지어 어떤 아이는 '칭얼거리지 마' 라는 꾸지람이 무관심보다는 낫다고 생각한다.

그러나 부모가 다른 방식으로 반응한다면 다른 메시지를 주게 된다. 즉, 자녀의 잘못된 행동을 지원하지 않겠다는 부모의 의지를 말과 행동으로 보여줄 수 있고, 어느 정도 시간이 흐르면 자녀는 긍정적인 목표와 행동을 선택하게 될 것이다.

부모는 미리 자녀의 특정한 행동에 대해 어떻게 대처할 것인지 결정할 필요가 있다. 자녀의 행동에 긍정적인 면이 보이면 격려하는 것을 잊지 말고, 변화란 그렇게 금방 일어나지 않는다는 것도 마음에 새겨두도록 한다.

관심 끌기 : 가능하면 관심 끌기가 목표인 잘못된 행동은 무시하라. 자녀가 관심을 요구할 때는 항상 관심주기를 피하고 평온한 태도를 유지하고, 자녀가 기대하지 않을 때 긍정적인 관심을 표시하라. 긍정적인 관심은 자녀에게 자신이 소중하고 인정받는 존재라는 느낌을 강화해준다.

세 살인 민주는 엄마와 아빠가 TV뉴스를 시청할 때 관심을 끌기 위해 시끄러운 행동을 할 때가 많다. 부모는 민주가 내는 소리를 무시하는 법을 배웠다. 필요한 경우에는 뉴스를 시청하는 30분 동안 혼자 놀이하도록 자기 방에 들여보낸다.

또한 엄마와 아빠는 민주가 관심을 끌려는 행동을 하지 않을 때 민주를 인정해준다.

어느날 저녁 민주 엄마는 남편이 신문 읽는 것을 보았다. 민주는 그 옆에 앉아 그림책 페이지를 넘기고 있었다. 엄마는 "민주야 네가 아빠 옆에서 조용히 책을 읽는 것을 보니 정말 좋구나."라고 말했다. 그날 밤 엄마는 민주에게 "네가 보던 그 책 가져올래? 지금 함께 읽자."라고 말했다. 민주는 자신이 관심받을 가치가 있고 부모가 자신에게 관심을 가져주지만, 자신이 요구한다고 해서 관심이 주어지지는 않는다는 것을 깨닫게 된다.

힘 과시하기 : 마주 싸우거나 굴복하지 마라. 부모 스스로가 화를 내지 않도록 하고, 가능하면 자녀가 자신의 잘못된 행동으로 인한 결과를 경험하게 하라.

두 살인 토드는 점심을 먹지 않으려 한다. 아빠는 설득과 회유 등 안 해본 방법이 없고 심지어는 토드를 높은 의자에 앉혀놓고 밥을 먹이는 방법도 시도해 보았다. 이제 아빠는 새로운 방식을 시도하고 있다. 토드에게 아침에는 소량의 간식을 주고 점심에는 영양이 풍부한 식사를 차려준다. 토드가 몇 분이 지나도 밥을 먹지 않으면 높은 의자에서 내려놓고 "배가 고프지 않은가 보구나. 아마 저녁 때는 먹고 싶어질 거야."라고 말한다. 그리고 오후 간식으로는 주스만 준다. 저녁식사 시간에는 영양의 균형을 이룬 식단을 마련한다. 토드는 밥을 먹지 않아도 더이상 힘겨루기를 할 수 없음을 알게 된다. 그 대신 밥을 먹지 않아 배가 고픈 결과를 감수해야 한다는 것을 깨닫는다.

앙갚음 : 앙갚음이란 악순환의 고리를 끊는 것은 쉽지 않다. 시간이 걸리지만 부모가 받아들이지 않으면 보복전은 성립될 수 없다. 자녀가 앙갚음을 추구한다면 기분 상해하지 마라. 자녀와 앙갚음을 하는 대신 신뢰와 상호존중의 관계를 구축하도록 노력하라.

여섯 살인 세리의 부모는 별거 중이다. 최근 잠자리에서 세리가 "난 엄마가 싫어. 아빠가 좋아."라고 말해서 엄마는 마음의 상처를 입었다. 그러나 엄마는 기분 상해하거나 화를 내는 것은 세리가 어려운 상황을 헤쳐나가는 데 도움이 되지 않는다는 사실을 알고 있다. 따라서 엄마는 평온한 태도를 유지하면서 세리에게 "네가 아빠를 그리워하는 걸 알아. 이번 주말에 아빠네 집에 가면 아빠가 널 재워주실 거야."라고 말한다. 엄마는 세리를 존중해주고 딸의 감정을 이해하고 있음을 보여준다. 그 결과 시간이 흐르면 세리는 잘못된 행동을 하지 않고도 자신의 감정을 전달할 수 있음을 깨달을 것이다.

무능함 보이기 : 무능함을 보이는 자녀는 매우 낙담해 있다. 이러한 자녀에 대해 포기하지 말고 비판을 피하면서 자녀가 잘하는 분야를 찾아 격려해 준다. 아무리 사소한 것일지라도 자녀의 노력과 개선된 점을 찾아 인정해준다.

다섯 살인 진규는 자신이 자전거 타는 것을 못 배울 것이라고 믿는다. 공원에서 친구들은 자전거를 타고 있는데, 진규는 혼자 그네에 앉아 있다. 할머니는 자전거 타기에 대해서는 언급하지 않고 대신 진규가 잘하는 것을 찾아본다. 할머니는 진규에게 "넌 그네가 높이 올라가도록 발을 정말 잘 구르는구나. 내게도 가르쳐 줄래?"라고 말한다. 이러한 격려의 결과, 시간이 흐르면 진규는 자신이 많은 것을 할 수 있음을 알게 될 것이다. 인내와 격려는 진규가 자신감을 기르는 데 큰 도움이 될 것이다.

격려 STEP

이번 주에는 자녀를 수용한다는 것을 보여주기 위해 특별히 노력하라. 그리고 이것이 자녀의 자신감을 기르는 데 얼마나 도움이 되는지 살펴보도록 한다.

자녀를 판단하거나 비판하고 싶은 때가 언제인지 파악한다. 비판 대신 지지를 보여줄 방법을 찾아본다. 예를 들어 다음과 같이 말할 수 있다.

- "너는 매우 화가 났는데도 때리는 대신 말로 표현했구나. 네가 때리지 않기로 한 걸 기억해서 기쁘다."
- "네 친구가 오기까지 기다리는 건 어렵지. 참을성 있게 기다려서 고마워."

잘못된 행동의 뒷면 : 긍정적 행동의 목표

부모는 자녀의 신념이 잘못된 행동을 낳는다는 것을 알게 되었다. 그러나 잘못된 행동의 원인이 된 신념에는 보다 나은 행동의 목표로 이끄는 긍정적인 신념이라는 '뒷면'이 있다

참여 : 관심을 끌려는 아이는 "난 모든 일에 참여하고 싶어요. 내가 어떻게 공헌할 수 있는지 가르쳐줘요."라는 메시지를 보내고 있다. 자녀에게 돕고 참여하도록 격려하면 자녀는 관심 끌기라는 심리적 목표를 재수정하게 될 것이다. 자녀가 "내가 무슨 착한 일을 했는지 찾아봐요." 라고 말하는 것을 상상해 보라.

자립심 : 긍정적인 힘이란 자신의 행동과 선택에 대해 스스로 책임지는 것을 의미한다. 자녀는 "내가 책임감과 독립성을 배울 수 있도록 나에게 제발 선택권을 줘요."라고 말하고 있는 건지도 모른다. 힘겨루기를 벌이는 대신 자녀에게 선택권을 줄 방법을 찾아본다면 자녀는 "내 힘을 유용한 방법으로 사용할 수 있다."고 믿게 될 것이다.

공평함 : 앙갚음을 추구하는 자녀는 종종 공평함을 바라는 경우가 많은데, 이들은 "난 모든 일에 공평하길 원해요. 나에게 협력하는 방법을 배우도록 도와줘요."라는 무언의 메시지를 보내고 있다. 이런 자녀에게 남들과 함께 놀도록 안내하고 공평하게 나누는 법을 격려한다면 도움이 될 것이다.

유능함 : 무능함을 보이는 자녀는 "난 나 자신의 힘으로 생각해 낼 시간이 필요해요. 나는 성공하고 싶어요. 제발 나에게 자신감을 배우도

록 도와줘요."라는 메시지를 보내는 것일 수 있다. 자녀가 자신에 대해 긍정적인 자아개념을 갖도록 북돋워 주고 자녀가 할 수 있는 것들을 찾아서 깨우쳐 줘라. 자녀가 "내가 무슨 말과 행동을 하든 절대로 날 포기하지 마세요."라고 말한다고 상상해 보라.

다음 각 장에서는 자녀의 말을 경청하고 자녀에게 말하는 여러 가지 방법을 배울 것이다. 이를 이용해서 자녀가 긍정적인 신념과 소속감을 기르기 위해 긍정적 방법을 찾도록 돕는 방법을 살펴보자.

금주의 할 일

부모는 자녀의 행동을 관찰하고 스스로에게 다음의 질문을 해 본다.

- 아이의 행동이 발달수준에 따른 것인가, 아니면 부모 자신의 경험에 의한 것인가?
- 아이의 행동은 과연 잘못된 행동인가? 만일 그렇다면 부모 스스로에게 다음과 같이 질문해 보라.

1. 내 자녀는 어떠한 행동을 하였는가?
2. 나는 어떻게 느꼈는가?
3. 나는 자녀의 행동에 어떻게 대응하였는가?
4. 이에 대해 내 자녀는 어떻게 반응하였는가?
5. 나는 자녀의 잘못된 행동목표가 무엇이라고 생각하는가?

부모는 어떻게 자신의 반응을 변화시켜 자녀의 잘못된 행동을 수정할지 고려해 보고, 자녀로 하여금 긍정적인 목표를 수립하도록 도울 수 있는 기회를 찾아본다.

기억해야 할 핵심 사항

1. 신념은, 가족이 무엇을 중요하게 생각하며 부모의 말이나 행동, 부모의 양육태도 유형과 아이의 가족 내 위치에 관한 자녀의 시각에 의해 형성된다.
2. 모든 아이는 소속감을 느끼고 싶어한다. 신념은 아이가 소속감을 느끼기 위해 어떤 행동을 할 것인지 결정하는 데 영향을 준다.
3. 아이는 유익한 행동은 물론 잘못된 행동을 통해서도 소속감을 가진다.
4. 가끔 부모는 자녀에게 지나친 기대를 할 때가 있다. 아이들은 호기심, 피로, 질병, 배고픔 또는 지루함을 느낄 수 있다. 그때의 행동들은 부모에게 문제로 비춰질 수 있으나 이러한 행동이 항상 잘못된 행동인 것은 아니다.
5. 잘못된 행동의 이면에는 다음의 4가지 심리적 목표가 있다.
   - 관심 끌기
   - 힘 과시하기
   - 앙갚음
   - 무능함 보이기
6. 아이의 심리적 목표를 파악하기 위해서는 다음을 관찰한다.
   - 부모는 자녀가 잘못된 행동을 할 때 어떻게 느끼는가?
   - 부모는 자녀의 행동에 어떻게 대응하는가?
   - 부모의 행동에 자녀는 어떻게 반응하는가?
7. 영아는 잘못된 행동이 아니라 단순히 특정한 욕구를 표현하는 것임을 인식한다.
8. 영아기에는 앙갚음이나 무능함 보이기를 목표로 잘못된 행동을 하지 않는다. 걸음마기에는 무능함 보이기를 거의 하지 않는다.
9. 자녀가 잘못된 행동을 할 때에는 자녀가 기대하지 못했던 말이나 행동을 한다. 긍정적인 관심을 보여주고 인정해주며 신뢰와 자신감을 형성하도록 북돋아준다.

자신을 위해 이렇게 해 봅시다

나의 우선순위는 무엇인가?

우리는 모두 소속감을 느끼기를 원한다. 소속감을 느끼기 위해 어떤한 행동을 취할지는 우리가 가장 중요하게 생각하는 것들의 우선순위에 따라 결정된다. 우선순위는 다른 사람들과의 관계형성에도 영향을 미친다.

간단한 질문들을 통해 자신의 우선순위를 파악해 보자. 다음의 생각 중 가장 중요하게 생각하는 것은 무엇인가? 우선순위에 따라 각 항목의 옆에 1, 2, 3, 4를 표기하라.

______가. 나는 거부당하는 것을 피하고 싶다.
______나. 나는 창피당하는 것을 피하고 싶다.
______다. 나는 스트레스나 갈등을 피하고 싶다.
______라. 나는 비생산적이 되는 것을 피하고 싶다.

가. 이 항목을 가장 먼저 선택한 사람은 '**즐거움**'을 가장 중요시하고 다른 사람들에게서 호감을 얻기 원한다.

나. 이 항목을 가장 먼저 선택한 사람은 '**통제력**'을 가장 중요시하고 자신이 책임자가 되기를 원하며 남이 자신을 통제하는 것을 싫어한다.

다. 이 항목을 가장 먼저 선택한 사람은 '**편안함**'을 가장 중요시하고 스트레스나 갈등에 의해 방해받는 것을 싫어한다.

라. 이 항목을 가장 먼저 선택한 사람은 '**뛰어남**'을 가장 중요시하고 자신의 삶이 의미 있는 삶이 되기를 원한다.

<표 2a>

다음의 표는 우선순위가 무엇이냐에 따라 부모 자신과 자녀에게 어떤 영향을 미치는지 제시하고 있다.

우선순위	나의 장점	나의 단점	내 자녀에게 좋은 점	내 자녀에게 나쁜 점
즐거움	다른 사람과 잘 어울린다. 사람들이 무엇을 원하는지 잘 알고 있다.	남이 자신을 이용하고 존중해주지 않는다고 느낀다.	부모와의 갈등이 적다. 쉽게 이해받는다고 느낀다.	무례하다. 다른 사람을 이용할 수 있다.
통제력	논리적이고 체계적이다.	타인에게 가깝게 다가가지 못한다. 공감을 얻기 어렵다.	한계와 체계적으로 일하는 법을 배운다.	남과 힘겨루기를 한다. 감정의 공유를 두려워한다.
편안함	편안한 성격이다. 남과 거의 갈등을 겪지 않는다.	성취감을 못 느낀다. 일의 수행력이 부족하다.	갈등을 덜 경험한다. 자신의 관심을 추구할 수 있다고 느낀다.	관심을 인정하지 않거나 덜 중요하게 생각한다.
뛰어남	유능하고 창조적이다.	할 일과 책임질 것이 너무 많다고 느낀다.	창조적이고 긍정적인 인생관을 가진다.	무능하다고 느낀다. 완벽을 추구한다.

- 나의 우선순위가 자신의 생활에 어떤 긍정적인 영향을 미치는가?
  나의 부모역할 수행에는 어떤 긍정적인 영향을 미치는가?
- 나의 우선순위가 자신의 생활에 어떤 부정적인 영향을 미치는가?
  나의 부모역할 수행에는 어떤 부정적인 영향을 미치는가?
- 나의 우선순위를 어떻게 변화시키고 싶은가?

<표 2b>

영유아기의 잘못된 행동목표

영아기

- 대체로 영아기에는 잘못된 행동에 대한 심리적 목표의 개념이 적용되지 않는다.
- 문제로 보이는 행동은 아기가 자신의 요구를 표현하는 방법이다.
- 조금 더 크면 관심 끌기나 힘 과시하기를 목표로 할 가능성이 있다. 우선은 아기가 기본적 욕구충족을 위해 기술을 사용한다고 추정하라.
- 아기는 앙갚음이나 무능함 보이기를 추구하지 않는다.

걸음마기

신념	목표	부모의 감정과 행동	일반적인 자녀의 반응	연령수준별 행동	부모의 대처 방법
"난 관심을 끌어야 해."	관심 끌기	짜증, 잔소리, 꾸중하기, 상기시키기	일시적으로 중단했다 나중에 다시 잘못된 행동을 한다.	칭얼거린다.	긍정적인 행동에는 관심을 보여주고, 자녀가 다른 활동을 하도록 이끈다.
"날 억지로 시킬 순 없어."	힘 과시하기	화남, 벌주기, 맞서 싸우기, 양보하기	계속 잘못된 행동을 하며 부모에게 반항한다.	부모의 부탁에 "싫어." 하고 답한다.	자녀에게 선택권을 주어 스스로 결정하게 한다.
"날 사랑하지 않아!"	앙갚음	마음의 상처 받기, 자녀에게 앙갚음하기	잘못된 행동을 더욱 많이 하고 계속 괴롭힌다.	때리거나 부모에게 거친 말을 한다.	마음의 상처를 입거나 벌주려 하지 말고 신뢰와 존중을 쌓아간다.

유아기

신념	목표	부모의 감정과 행동	일반적인 자녀의 반응	연령수준별 행동	부모의 대처방법
"난 관심을 끌거나 시중받길 원해."	관심 끌기	짜증, 잔소리, 꾸중하기, 상기시키기	일시적으로 중단했다 나중에 다시 잘못된 행동을 한다.	"지금 날 봐요." 하며 끊임없이 관심을 요구한다.	자녀가 기대하지 않을 때 긍정적인 행동에 관심을 보여주고, 매일 시간을 내어 자녀에게 전적으로 관심을 보여준다.
"내가 대장이야. 날 억지로 시킬 순 없어."	힘 과시하기	화남, 벌주기, 맞서 싸우기, 양보하기	계속 잘못된 행동을 하며 부모에게 반항한다.	떼를 쓰고 부모의 말을 듣지 않는다.	마주 싸우거나 굴복하지 않고 결과를 경험하게 한다.
"날 사랑하지 않아!"	앙갚음	마음의 상처 받기, 자녀에게 앙갚음하기	잘못된 행동을 더욱 많이 하고 계속 괴롭힌다.	"엄마(아빠) 미워!", "엄마(아빠)는 날 사랑하지 않아!"라고 소리 지른다.	마음의 상처를 입거나 벌주려 하지 말고 신뢰와 존중을 쌓아간다.
"난 무력해. 난 할 수 없어."	무능함 보이기	절망, 포기하고 싶어짐, 포기하고 자녀가 무능하다는 데 동의하기	아무런 반응이나 개선의 의지를 보이지 않는다.	칭얼거리며 "난 못해."라고 말한다.	아무리 사소한 노력이라도 격려하고 동정하지 않는다.

<표 2c>

영유아기의 긍정적인 행동목표

영아기

- 긍정적인 목표를 형성하기 시작한다.
- 관심 끌기와 힘 과시하기를 통해 자신의 요구를 충족시키는 방법을 배운다.
- 쿠잉, 놀이, 신체접촉을 통해 참여하는 것을 배운다.

걸음마기

신념	목표	자녀의 행동	자녀를 지원하는 방법
"나도 남들같이 되고 싶어."	관심 끌기, 참여하기, 기여하기	부모의 청소, 요리, 집안일 하는 모습을 모방한다.	자녀의 긍정적인 행동을 찾아 인정해주고 도움에 대해 고맙다는 표현을 한다.
"내 방식으로 할 수 있어."	힘 과시하기, 독립성 추구	스스로 밥을 먹고 옷을 벗고 싶어한다.	가능한 한 스스로 하도록 해준다.
"그건 내 거야!"	공평함, 타인과의 관계	다른 아이의 장난감을 소중히 여긴다.	자녀가 장난감을 다른 아이와 같이 갖고 놀도록 격려한다.
"난 스스로 하고 싶어."	유능함	혼자서 해보려고 시도한다.	자녀의 노력을 수용한다.

유아기

신념	목표	자녀의 행동	자녀를 지원하는 방법
"난 도움을 줄 때 소속감을 느낄 수 있어."	관심 끌기, 참여하기, 기여하기	그릇을 치우고 자기가 벗은 옷을 세탁물바구니에 갖다 넣는다.	자녀의 긍정적인 행동을 찾아 인정해주고 도움에 대해 고맙다는 표현을 한다.
"난 스스로 결정할 수 있어. 난 그걸 할 수 있어."	힘 과시하기, 독립성 추구	자신이 입을 옷을 스스로 고른다.	자녀 스스로 해보려는 노력을 지원하고 격려해준다.
"난 다른 사람들과 협력하며 잘 지내고 싶어!"	공평함, 타인과의 관계	장난감 때문에 다투지 않고 같이 가지고 논다.	자녀의 협력하려는 노력을 찾아 인정해주고 고맙다는 표현을 한다.
"난 성공하고 싶어."	유능함	자신의 실수를 받아들인다. 만일 실패하면 다시 시도한다.	자녀의 실수를 받아들이고 개선된 점을 인정해준다.

Chapter 3

영유아의 자아존중감 키우기

부모는 자녀가 긍정적인 신념을 형성하고 소속감을 확립하기 위해 긍정적인 방법을 찾기를 바란다. 이를 위해서는 자녀에게 강한 **자아존중감**(self-esteem)을 길러주어야 한다. 사실 자아존중감은 아이들이나 성인 모두를 위해 중요하다.

자아존중감이란 무엇인가?

자아존중감은 소속감을 바탕으로 하여 자신에 대해 다음과 같이 믿는 신념이다.

- 나는 다른 사람에게 받아들여지고 있다.
- 나는 강하고 유능하다.
- 나는 사랑받고 있다.

자아존중감은 자녀에게 인생을 잘 살아갈 수 있는 준비를 하도록 도와주며 문제를 성공적으로 해결할 수 있도록 돕는다. 자아존중감은 "난 할 수 있어(I can).", "난 해낼 거야(I will)."라고 말할 수 있게 한다.

본 장에서 배울 내용

- 존중과 격려는 자녀의 자아존중감을 기르는 데 도움이 된다.
- 격려는 자녀에게 사랑, 수용감, 존중감, 가치감을 느끼게 한다.
- 칭찬과 격려는 다르다.
- 부모는 스스로를 격려할 필요가 있다.

아이의 자아존중감 길러주기는 지금 시작하라

출생부터 6세까지의 유아들은 자기가치(self-worth)에 관한 신념을 형성하게 된다. 부모는 자녀에게 신뢰하고 존중하는 태도를 보여줌으로써 자녀에게 자기가치감을 심어줄 수 있다. 영유아기는 이것을 시작할 중요한 시기이다. 그러면 어떻게 해야 할까?

1. 존중하는 태도를 보이기

자녀의 자아존중감을 길러주는 한 가지 방법은 **존중하는 태도**이다. 부모자신을 존중하고 자녀를 존중하는 마음으로 대하라. 이렇게 함으로써 자녀에게 부모와 다른 사람을 존중하는 법을 보여줄 수 있다.

부모가 자녀를 신뢰할 때, 자녀는 자신을 신뢰하게 된다.

2. 부모자신을 존중하기

부모가 자기자신을 존중할 때 자녀는 따라할 본보기를 갖게 된다. 부모 스스로 자아존중감을 형성하는 데는 다음과 같은 8가지 방법들이 있다.

- 자신만의 흥미와 목표를 계발하라.
- 자신이 잘하는 것이 무엇인지 찾아서 배워라.
- 자신의 성취뿐 아니라 노력도 인정하라.
- 자신과 타인에 대해 긍정적으로 생각하라.
- 유머감각을 사용하라.
- 부모역할 수행에서 실수는 일어나게 마련이며 실수를 하더라도 자녀는 아무런 문제 없이 잘 자랄 것임을 명심하라.
- 자신만을 위한 시간을 가져라.
- 반드시 좋은 부모라서가 아니라 자기자신으로서 가치가 있다는 사실을 기억하라.

네 살인 가희는 새로 산 빨간 크레파스를 처음으로 사용하다가 부러뜨려서 울었다. 빨간색은 가희가 가장 좋아하는 색이다. 엄마는 수도관을 고치려다 망가뜨려 기분이 좋지 않다. 돈을 아끼려다 더 많은 수리비가 들게 된데다 사방이 난장판이 되어버렸다. 엄마는 가희에게 말한다. "우리 둘 다 물건을 망가뜨리고 말았구나. 난 기분이 나쁘고 화가 난다. 너도 그럴 것 같구나."

어른에게는 망가진 수도관이 부러진 크레파스보다 중요하겠지만 엄마는 가희의 문제가 중요하다는 것을 인정해준다. 엄마는 자신이 수도관을 고치지 못했다고 해서 자신을 비하하지 않았으며, 가희가 크레파스를 부러뜨린 것이나 우는 것에 대해 가희를 비하하지도 않았다. 이렇게 함으로써 엄마는 자신과 가희를 존중하는 태도를 보여주었다. 엄마가 지속적으로 이렇게 행동하면 가희도 자신과 타인을 존중하는 법을 배우게 될 것이다.

3. 영유아가 존중하는 법을 배우도록 돕기

영유아들은 태어나면서부터 다른 사람을 존중하는 마음을 보여주지는 않는다. 일반적으로 영유아들은 오로지 자기자신만을 생각하기 때문에 자녀가 어른처럼 존중감을 가지고 있으리라 기대할 수는 없다. 그러나 자녀는 부모의 존중하는 태도를 보고 언젠가는 존중하는 마음을 배울 수 있다.

존중을 가르치는 것은 아무리 일찍 시작해도 결코 빠르지 않다. 그렇다면 어떻게 가르칠 것인가?

자녀를 배려하라 : 부모는 자녀를 사랑하고 소중히 여긴다는 것을 보여주고 자녀의 감정을 배려하라.

- "너는 고양이가 함께 놀아주지 않아 화가 났구나. 고양이는 지금 잠을 자기를 원해."

- "얘 웃는 것 좀 봐! 네가 좋아하는걸 보니 나도 좋구나."
- "네가 곰돌이인형을 잃어버려서 슬픈 걸 알아. 우리 그것에 대해 이야기해보자."

자녀의 특별한 점을 인정하라 : 자녀의 특별한 점을 찾아서 말해 준다.

- "와, 정말 즐겁고 행복하게 재잘거리는구나! 넌 이야기하기를 좋아하지, 그렇지 않니?"
- "옷장 뒤까지 뻗기엔 네 손이 딱 알맞구나. 옷장 아래 들어간 공을 찾아줄 수 있겠니?"
- "정말 예쁜 꽃을 그렸구나! 이 그림을 할머니께 보내드리자!"

존중을 가르치는 것은 아무리 일찍 시작해도 결코 빠르지 않다.

자녀의 흥미를 지원하라 : 자녀가 즐기고 좋아하는 활동에 관심을 가진다.

- "넌 물건쌓기를 좋아하지. 네 블록으로 뭘 만들어보자."
- "나는 네가 꼬마원숭이 조지 얘기를 좋아하는 걸 안다. 우리는 도서관에 가서 또 다른 원숭이 이야기책을 빌려 볼 수 있어."

자녀에게 선택권을 주어라 : 선택권을 주는 것은 자녀의 긍정적인 힘의 사용을 격려하는 방법이다.

- "네가 배가 고픈가 보구나! 옥수수죽을 데워줄까, 아니면 호박죽을 데워줄까?"
- "오늘 초록색 셔츠를 입고 싶니, 아니면 노란색 셔츠를 입고 싶니?"

자녀가 자신의 실수에서 배우도록 하라 : 모든 실수에서 교훈을 얻을 수 있다. 자녀가 실수하는 것을 두려워하지 않도록 도와준다.

- "난 과자를 만들 때 밀가루를 너무 적게 넣었어. 덕분에 다음에는

밀가루를 얼마나 넣어야 될지 알게 되었어."

- "네 우유가 식탁에서 떨어졌구나. 넌 다음에는 우유를 식탁 가장자리에 놓지 않겠구나. 자, 여기 스펀지가 있다. 쏟아진 우유를 닦으렴."

부모 스스로가 존중하는 태도를 보여주어라 : 부모가 자신을 존중하는 태도는 자녀에게 좋은 본보기가 된다.

- "난 최선을 다해 부서진 문을 고쳤어. 이제 잘 닫혀서 기쁘다."
- "긴 시간 산책을 했더니 오늘은 기분이 상쾌하다."

4. 격려하는 법을 배워라

존중과 마찬가지로 자녀에게 어려서부터 자아존중감을 갖고 자라도록 **격려**할 수 있다.

격려란 무엇인가?

격려는 아이가 자아존중감을 갖고 성장할 수 있도록 돕는 기술이다. 격려는 자녀에게 소속감과 더불어 다음의 감정을 느끼게 해주는 방법이다.

- 다른 사람에게 받아들여지고 있다.
- 강하고 유능하다.
- 사랑받고 있다.

격려하다(encourage)와 **기를 꺾다**(discourage)라는 단어는 모두 **용기**(courage)라는 단어를 포함한다. 용기는 노력하고자 하는 의향을 가리키며 자아존중감의 중요한 구성요소이다.

격려받은 아이는 성장·발전하고 새로운 것을 배우며 시도할 용기를 갖게 된다. 기가 꺾여 의기소침한 아이는 약한 자아존중감을 갖게 되는데, 이런 아이는 소속감이나 성장·발달하고 새로운 것을 배우고 시도하기 위한 긍정적인 방법을 선택할 용기를 갖지 못한다.

격려는 아이들로 하여금 그들 스스로에 대한 신뢰를 배우도록 하며 스스로 자신의 장점과 특별한 점을 발견하도록 가르친다.

격려하는 부모는 자녀가 완벽하기를 원하는 것이 아니라, 자녀의 노력과 개선을 찾아서 인정해줌으로써 자녀를 있는 그대로 받아들인다는 것을 보여준다. 또 자녀를 다른 아이들과 비교하는 것을 피함으로써 자녀가 자신만의 특별한 점을 깨닫고 긍정적으로 받아들이도록 돕는다.

동구와 범수는 사촌 간이고 둘 다 생후 11개월이다. 둘은 생긴 모습은 닮았지만 하는 행동은 다르다. 가족모임에서 동구는 항상 돌아다니면서 보이는 것은 모두 만져본다. 동구는 동작이 빠르고 고집도 있다. 범수는 가만히 앉아 방실방실 웃으며 옹알이를 한다. 범수는 가지고 놀 장난감만 있으면 아주 행복하다.

동구와 범수의 가족들은 두 아이를 격려하고 싶어한다. 두 가족은 아이 각자의 특별한 점을 인정해주고 서로 다른 존재로서 사랑하며 부정적인 비교를 하지 않는다. 그리고 동구와 범수에게 각각 "넌 정말 즐거워 보이는구나."라고 말해 준다.

부모의 격려를 받으면서 자녀는 **자신**을 기쁘게 하는 법을 배우게 된다. 이런 아이는 타인의 기쁨에 얽매이지 않고도 자신의 노력에 의해 만족감을 느낄 수 있게 된다.

다섯 살인 미라는 글자 쓰기를 배우고 있다. 미라는 아빠에게 자기가 쓴 것을 보여주며 말한다. "아빠 이거 어때요? 내가 쓴 거예요. 잘 했나요?" 아빠는 "네 생각이 가장 중요한 거란다. 네가 쓴 글자가 마음에 드니? 난 네가 열심히 한 걸 알아. 넌 글쓰기가 재미있나 보구나."라고 말해 줄 수 있다.

이러한 반응은 부자연스럽게 들릴 수도 있지만 자녀에게는 격려가 된다. 미라는 자신이 한 작업에 대해 자신이 어떻게 느끼는지 생각하고 굳이 남을 기쁘게 하지 않고도 스스로 만족할 수 있다는 것을 배우게 된다.

아이를 어떻게 격려할까?

격려는 아이들에게 자신을 신뢰하는 법을 배우도록 돕는다.

격려를 습관화하도록 노력하라. 자녀에게 다음과 같은 태도를 보여주는 기술을 배우고 연습하면 도움이 될 것이다.

- 자녀를 사랑하고 있는 그대로 받아들인다.
- 자녀를 신뢰한다.
- 자녀의 노력과 개선을 찾아 인정해준다.
- 자녀에게 감사의 표현을 한다.

1. 영유아를 사랑하고 있는 그대로 받아들여라

영유아는 서로 다른 속도로 성장한다. 이 시기 아이들은 성장발달, 성격, 관심사, 좋아하고 싫어하는 것, 그리고 장점과 약점이 제각각이다. 모든 아이들이 저마다 독특한 존재이다. 자녀의 전부를 있는 그대로 감사하고 받아들이는 것이 중요하다. 부모가 이렇게 할 때 자녀는 부모가 자신에게 완벽함을 기대하지 않으며 **있는 그대로**의 자신을 사랑하고 소중히 여긴다는 것을 깨닫게 된다.

2. 영유아를 신뢰하라

자녀에게 말과 행동으로 신뢰를 보여주어라.

- "어서 해보렴. 너는 네 스스로 공을 잡을 수 있어."
- "너는 네 신발끈 매는 법을 배우고 있구나."

3. 영유아의 노력과 개선된 점을 인정하라

자녀의 크고 작은 발전을 찾아 인정해주는 기술을 익히자.

- "이것 좀 봐! 네가 숟가락을 입까지 가져갔구나."
- "네가 저녁식사하기 전에 잊지 않고 손을 씻었구나."

4. 영유아에게 감사의 표현을 하라

자녀의 긍정적인 행동을 찾아 인정해주고 자녀의 장점과 특별한 점을 알고 소중히 여긴다는 것을 보여줘라.

- "네 사촌과 서로 사이좋게 장난감을 갖고 놀아서 고마워. 함께 재미있게 놀았니?"
- "동생에게 노래 불러주는 게 어때? 네 동생은 네가 노래 불러주는 걸 좋아하니까 네가 노래를 불러주면 쉽게 잠이 들 것 같구나."

칭찬과 격려는 무엇이 다른가?

많은 부모들이 실제로는 자녀를 칭찬하면서 자신은 격려하고 있다고 생각하는데, 칭찬이 자녀의 기를 꺾을 수 있다는 사실을 깨닫지 못한다. 칭찬과 격려는 같은 것이 아니다. 우선 칭찬과 격려는 그 목적이 다르다.

1. 칭찬은 보상이다

칭찬은 자녀가 노력해서 **획득**하는 일종의 보상이다. 부모의 칭찬은 자녀에게 부모가 가치 있게 여겨준다는 **보상**을 주는 것이다.

칭찬과 격려는 똑같은 것이 아니다.

2. 격려는 선물이다

격려는 선물이다. 격려를 얻기 위해 어떤 구체적인 조건이 요구되는 것은 아니다. 즉, 격려는 성공한 대가로 획득하는 보상이 아니라 아무런 조건 없이 주어지는 선물이다. 격려는 모든 사람을 위한 것이며, 누구에게나 노력 또는 변화에 대해 주어지는 것이기에, 자녀의 특별한 점을 찾아 인정해주는 방법으로 사용할 수 있다. 격려는 언제든지 할 수 있으며, 자녀가 제대로 못하고 힘들어하거나 실패할 때에도 격려를 해줄 수 있다.

네 살 난 진영이는 그림을 그린다. 진영이는 엄마에게 자기가 그린 그림을 보여준다. 엄마는 그림이 무엇을 그린 것인지 알 수 없지만 진영이에게 "와! 정말 멋진 그림이네! 정말 잘 그리는구나. 나는 네가 매우 자랑스럽다."라고 말한다.

진영이는 이런 반응에 행복해질 수 있다. 또 진영이는 다른 사람을 기쁘게 하는 것이 중요하다는 것을 배우게 될 것이다. 남을 기쁘게 하고 싶어하는 것 자체는 아무런 문제가 없으나, 지나친 칭찬을 받게 되면 진영이는 자신이 남을 기쁘게 해주어야 한다는 강박감을 느끼게 될 수 있다. 또한 남을 기쁘게 함으로써 자신의 가치를 찾게 되는 칭찬 '중독' 증을 나타낼 수 있다.

세 살인 민철이는 그림을 그려 아빠에게 보여준다. 아빠는 유심히 그림을 들여다본 다음, 민철이에게 "나는 네가 너의 그림에 만족하고 있다는 것을 알겠구나. 너는 빨간색과 초록색으로 그리는 것을 좋아한다는 것을 알 수가 있어."라고 말한다.

아빠는 민철이가 자기자신의 노력을 인정하고 만족하도록 격려하며 스스로 만족하는 법을 배우기를 원한다. 또한 아빠는 민철이에게 먼저 그림에 대해 말해 보라고 요청할 수 있고, 그렇게 하면 민철이는 그림에 대한 자신의 생각과 느낌을 남과 나눌 수 있는 기회를 갖게 된다.

그렇다고 해서 자녀를 결코 칭찬해서는 안 된다는 의미는 아니다. 칭찬이 도움이 되는 때도 있다.

생후 2년 6개월 된 소리는 오늘 처음으로 한번도 실수하지 않고 대소변을 가렸다. 잠자리에서 아빠는 소리에게 "소리야, 정말 장하다! 오늘은 매번 변기에다 쉬했구나."라고 말한다. 소리는 기뻐서 환하게 웃는다. 이러한 유형의 칭찬은 자녀가 무엇을 잘했는지 구체적으로 칭찬해주는 것이므로 효과적이다.

소리는 자신의 성취에 대해 만족한다. 소리의 가족은 처음부터 소리의 노력과 개선된 점을 찾아 인정해주었다. 소리가 생전 처음으로 변기를 사용했을 때 모두 미소지으면서 "아빠 엄마처럼 변기를 사용한 기분이 어떠니?"라고 물었다. 그리고 소리가 바지에 쉬를 했을 때도 아무도 그걸 입에 올리지 않았다. 대신 엄마는 "마른 바지가 필요한 것 같구나. 가서 옷장에서 옷을 꺼내오겠니? 엄마는 네가 닦는 걸 도와줄게."라고 말했다.

이렇게 몇 주 또는 몇 달이 지나자 부모의 격려는 효과를 발휘하게 되었고 소리는 자신의 발달수준에 따라 성공적으로 기저귀를 떼고 변기를 사용하게 되었다. 소리는 이미 자신이 대소변을 가리는 것과는 상관없이 가족이 자신을 사랑하고 수용한다는 것을 알기 때문에 오늘밤 아빠의 칭찬은 효과적이었다.

칭찬의 표현만을 알고 있는 부모는 격려의 표현도 배우는 것이 도움이 될 것이다.

3. 칭찬은 판단하는 표현을 사용한다

"넌 정말 착한 아이야!"

이처럼 높은 기준에 맞춰 살기는 쉽지 않다. 이 말을 들으면 아이는 "나는 항상 착해야만 하나? 만약 내가 착하지 못하면 어쩌지? 그럼 난 나쁜가?"라고 생각할 수 있다.

"난 네가 너무나 자랑스럽다!"

이 말을 들으면 자녀는 "넌 내가 원하는 걸 해서 날 기쁘게 해주었어."라고 해석할 수 있다. 자녀는 "만일 내가 아빠와 엄마를 자랑스럽게 하지 못하면 어떻게 될까?"라고 걱정할 수 있게 된다.

4. 격려는 인정하는 표현을 사용한다

격려는 자녀에게 어떻게 도움이 되었느냐에 초점을 맞추고 자녀가 어떻게 느끼는가에 유의한다.

부모는 다음과 같이 격려의 말을 할 수 있다.

- "가게에서 잘 참아줘서 고맙구나."
- "네 이름을 쓸 수 있어서 자랑스럽게 느끼는 것 같구나."

1) 격려를 나타내는 표현들

격려에는 고유한 표현들이 있다. 유아에게 사용할 수 있는 격려표현의 예를 들면 다음과 같다.

- "넌 그것을 좋아하는 것 같구나."
- "넌 그걸 어떻게 생각하니?"
- "넌 할 수 있어."
- "고맙다. 내게 많은 도움이 되었다."
- "________하는데, 네 도움이 필요하구나."
- "넌 정말 그 일을 열심히 했구나!"
- "점점 더 ________를 잘하는구나."
- "네가 도와줘서 정말 고맙다."
- "넌 확실히 발전하고 있어."

2) 반드시 유념해야 할 사항

가끔 부모들은 격려의 말을 하고는 기를 꺾는 말을 덧붙이는 경우가 있다. 예를 들어 "네가 그 일을 정말 열심히 한 것 같구나."라는 부모의 말에 자녀는 격려를 느낄 것이다. 그러나 만일 부모가 다음과 같은 말을 덧붙이면 어떻게 될까?

- "너는 그 일을 열심히 했구나…. 네가 항상 그러면 좋으련만."
- "넌 그것을 할 수 있어…. 징징거리지 말고 서두른다면."

이와 같은 말은 격려를 주었다 다시 뺏는 말이다. 격려의 효과는 사라지고 자녀는 오히려 실망감을 느끼게 될 것이다. 우리의 목적은 자녀가 완벽하게 되는 것이 아니라 자녀의 자아존중감을 키워주려는 것임을 잊지 말자.

자녀의 관심사를 지원해줄 방안을 찾아보라.

아이의 성장과 학습을 어떻게 도울 수 있을까?

부모는 자녀가 인생에서 처음 만나는 스승이다. 부모는 자녀에게 다음과 같은 것들을 가르칠 수 있다.

- 변화와 도전에 대처하는 법을 배우기
- 여러 가지 기술을 습득하기
- 배우는 것을 즐기기

어떻게 하면 자녀를 칭찬하거나 무리하게 **강요하지 않고** 가르칠 수 있을까? 자녀가 어떻게 일을 **성취**하는지에 관심을 두지 마라. 그 대신 자녀가 **학습방법을 배우도록** 돕는 데 관심을 두어야 한다.

1. 자녀의 학습을 격려하기 위한 8가지 지침

안전한 학습기회를 제공하라 : 영아기 자녀에게는 안전하게 기어다니면서 탐색할 수 있는 넓은 공간이 필요하다. 걸음마기 자녀에게는 마음껏 낙서하기, 그리기, 만들기를 할 수 있도록 해주어야 한다. 취학 전 자녀에게는 또래 아이들과 놀 기회를 만들어 주어라.

자녀의 관심사를 공유하라 : 자녀가 코끼리를 좋아한다면 코끼리에 관한 책을 찾아보라. 자녀에게 코끼리에 관한 이야기를 해달라고 요청해 보라.

학습을 위한 기회를 찾아라 : 공원에서는 동물과 꽃들에 대해 배울 수 있다. 우체국에서는 사람들이 무엇을 하고 있는지에 관해 자녀와 얘기할 수 있다.

자녀가 스스로 학습하도록 격려하려면 무리하게 강요하지 마라.

개방형 질문을 사용하라 : 개방형 질문은 한 가지로 대답하거나 단순하게 대답할 수 없다. 개방형 질문은 자녀가 생각하고 설명하며 탐구하게 만든다.

- "다람쥐가 도토리를 가지고 무엇을 할 거라고 생각하니?"
- "너는 블록으로 어떻게 저렇게 높은 탑을 쌓았니?"

찾아서 인정하고 격려해줘라 : "너는 그 모든 것을 너 혼자 힘으로 했단 말이니! 네가 셔츠단추를 잠글 수 있어서 기뻐하는구나."

자녀가 실수를 받아들이고 실수에서 배우도록 도와라 : 실수는 배우는 과정의 일부이다. 자녀가 포기하지 않고 계속 노력하도록 격려하라. "아이쿠, 네가 공을 떨어뜨렸구나. 괜찮아. 다시 해보자."

학습을 즐거운 활동으로 만들어라 : 게임을 통해 숫자 세기, 옷 입기 또는 계단 오르기 학습으로 자연스럽게 연결되도록 하라.

자녀가 또 다른 관점으로 볼 수 있도록 도와라 : 가끔 학습과 탐구활동이 힘들어지거나 잘못된 방향으로 나갈 때 자녀가 모든 것을 새로운 시각으로 바라볼 수 있도록 이끌어줄 수 있다.

- "네가 천둥소리를 무서워하는 걸 알아. 폭풍에 관한 책을 읽어보자. 왜 그렇게 시끄러운 소리를 내는지 찾을 수 있을 거야."
- "이 많은 장난감들을 번에 치우기는 힘드니까 트럭부터 찬장에 갖다 넣는 게 어때?"라고 말하고, 자녀가 그 일을 끝내면 "트럭이 더 이상 없니? 정말 빨리 했구나! 다음에는 뭘 치울까?"라고 말하면서 다음에 할 일을 제안한다.

자녀가 스스로 학습하도록 **격려**하고 싶다면 절대로 무리하게 강요해서는 안 된다. 많은 부모들이 자신의 자녀가 최고가 되기를 바란다. 그래서 자녀를 위해 높은 학습목표를 설정하고, 이에 도달하도록 준비시킨다. 만능인물을 만들기 위해 음악과 춤, 운동 등 이것저것 무리하게 시키는 경우가 있다.

이 같은 부모의 지나친 기대와 행동은 그 의도는 좋지만 자녀에게는 엄청난 부담을 준다. 자녀는 자신의 성취를 과소평가하고 아무리 노력해도 부모의 **기대에 미치지 못한다고 믿게 된다**. 이것은 각종 신체증상으로 나타나거나 두통이나 배앓이의 원인이 되기도 한다. 아니면 부모에 대해 반항하거나 자기는 못한다고 포기해버릴 수도 있다.

자녀 스스로 학습하도록 격려하려면 다음을 고려해야 할 것이다.

- 자녀에 대해 합리적인 목표를 설정한다.
- 자녀의 노력을 받아들인다.
- 자녀의 개선된 점을 찾아 인정해준다.

〈표 3〉은 '유아기 자녀 격려하기'는 자녀를 무리하게 밀어붙이지 않고 스스로 학습하도록 격려하는 방법을 제시하고 있다.

아이에게 어떻게 사랑을 표현할까?

아이들은 자신이 사랑받고 있음을 확인해야만 자신이 **사랑받을** 가치가 있다고 믿게 된다. 사랑받는다는 느낌은 자녀의 자아존중감을 키워주는데, 자녀를 사랑하고 있음을 보여주는 방법은 자녀를 존중하고 격려하는 것이다. '나는 너를 사랑해'는 다음과 같이 여러 방식으로 표현할 수 있다.

유아기 자녀에게는 신체접촉이 어떤 말보다도 더 강력하다.

그냥 말하라 : 매일 모든 자녀에게 각각 다음과 같이 말해 준다.

- "잘 잤니, 미해야? 사랑한다."
- "누가 널 하늘만큼 사랑하는지 알아맞혀봐? 누가 널 땅만큼 사랑하는지 알아맞혀봐."
- "널 사랑하는 사람들을 전부 얘기해 볼까? 할아버지, 삼촌, 이모 …."

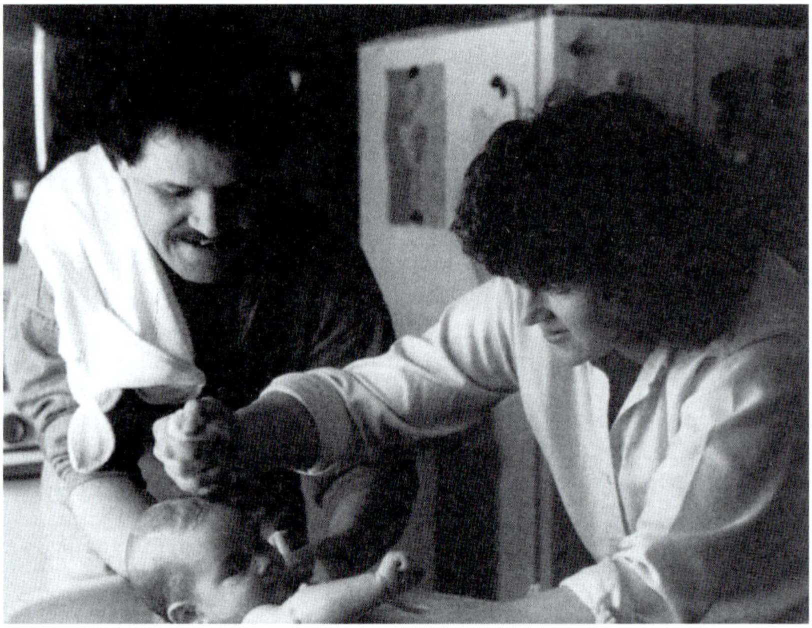

- "잘 자라, 미랑아. 너와 보낸 하루는 즐거웠어. 아침에 일어나서 널 보면 반가울 거야."
- "현영아, 폭신폭신 몰랑몰랑 우리 몽실이, 널 안으면 너무 좋아."
- "세상에, 굉장히 컸구나! 네가 잘 자라고 배워가는 걸 보니 정말 좋아."

자녀와 함께 시간을 보내라 : 이때에는 하던 일과 다른 모든 활동을 그만두고 TV도 끈다. 자녀에게만 모든 주의를 집중하라. 둘이 모두 즐기는 활동을 하는 것이 좋다.

어른들의 세계는 힘들고 바빠서 자녀와 보낼 시간이 빠듯하지만, 노력하면 그만큼 보람을 느끼게 될 것이다. 자녀는 '난 중요한 사람이야'라는 메시지를 받게 되고 부모와 자녀는 함께 있는 것을 즐기게 될 것이다.

유아교육기관에 대한 자녀의 느낌을 들어 주어라. 질문에 대답해 주고 안전할 것이라고 설명하라.

존중하는 태도로 자녀의 행동을 지도하라 : 존중의 중요성은 아무리 강조해도 지나치지 않다. 자녀가 실수나 잘못된 행동을 하더라도 자녀를 존중하는 태도를 유지해야 한다. 자녀는 부모가 하는 말과 행동으로 자아존중감을 다치게 되는 경우가 많다. 만일 자녀에게 소리치며 야단치거나 놀림감으로 삼는다면 그동안 해온 사랑을 표현하는 노력들이 일순간에 물거품이 될 수도 있다.

접촉을 통해 사랑을 표현하라 : 아기나 영아들에게는 말보다 신체접촉이 더 강력한 효과를 발휘한다. 우리는 아기를 돌보면서 목욕시키고 옷을 입히거나 수유하는 과정에서 많은 신체접촉을 한다. 부모가 아기를 껴안고 쓰다듬어줄 때 아기는 자신이 사랑받고 있음을 확인한다.

조금 더 커서 걸음마기와 취학전기에 이른 자녀는 부모가 안거나 뽀뽀하려 하면 종종 밀어내는 경우가 있으나, 아직은 부모의 사랑을 표현하는 접촉이 필요하다. 부모는 매일 사랑을 표현할 수 있는 많은 기회가 있다. 이를테면 자녀가 스스로 옷 입는 것을 도와줄 때, 세수하는 법을 가르쳐줄 때 그리고 밤에 잠자리에서 재울 때 부드럽게 토닥거려주는 접촉을 하면서 "너를 사랑해."라고 말해 줄 수 있다.

자녀가 스스로 무릎 위로 올라오거나 안아주기를 원할 때가 있을 것이다. 영유아들은 뛰고 구르고 뛰어내리고 서로 몸 부딪치기를 좋아한다. 서로 쫓아다니기와 레슬링 같은 활동적이고 신체적인 놀이는 신체 접촉을 할 수 있는 좋은 기회이므로, 역동적인 놀이와 부드러운 접촉을 통해 사랑을 표현하라. 그러나 가끔 자녀가 "싫어, 난 껴안기 안 할래." 라고 말할 때는 자녀의 감정을 존중해줘라.

격려 STEP

부모와 자녀를 포함한 모든 사람에게는 내재된 장점이 있다. 가끔 부모는 자신의 자녀가 가진 장점을 잘 보지 못하는 경우가 있다. 자녀에게는 아마 다른 아이들과 잘 어울려 놀이하거나, 성격이 다정하거나, 또는 정말 환하게 웃는 것과 같은 장점이 있을 것이다. 이러한 장점을 '씨앗'이라고 생각하자. 씨앗은 자라기 위해 물과 햇볕이 필요하다. 격려를 그 씨앗의 성장에 필요한 물과 햇볕이라고 생각하라. 이번 주에는 자녀에게서 한 가지 장점의 '씨앗'을 찾아보자. 그리고 그 씨앗에 물을 주는 '격려'를 될 수 있는 한 자주 해준다.

1. 방임과 학대에 관한 표현

부모는 적절한 언어표현과 접촉으로 자녀에게 사랑을 표현할 수 있다. 만일 부모가 사랑의 말과 접촉을 해주지 않으면 자녀는 부모로부터 무시당한다고 느낀다. 부모가 자녀를 사랑하고 존중해주지 않으면 자녀는 사랑과 존중을 배울 수 없다.

부모의 부적절한 언어표현과 접촉은 자녀의 자아존중감을 다치게 할 수 있다. 자녀는 이를 부모가 자신을 나쁜 아이로 생각하며, 부모에게는 자녀를 해칠 수 있는 힘이 있다는 무언의 신호로 받아들인다. 이러한 말과 접촉은 **학대**이다.

부모에게 자녀를 무시하거나 학대하려는 의도가 있는 것은 아니다. 다만 모든 부모가 가끔 육체적인 과로와 정신적인 피로 또는 분노의 감정에 시달리는 데 그 원인이 있을 것이다.

부모가 정말 화가 많이 나면 어떻게 할까?

1. 자녀로부터 잠시 자리를 떠나라 : 방을 나가 산책을 하거나 친구에게 전화를 한다. 만일 자녀를 혼자 내버려둘 수 없다면 친구를 불러 도움을 부탁한다.

2. 전문가의 도움을 구한다 : 너무 화가 나서 자녀에게 심한 상처가 될 말과 행동을 할 것 같다면 전문가의 도움을 구해야 한다. 종교단체, 정신건강 병· 의원, 인근 복지관, 상담센터 또는 사회복지사에게 도움을 구하거나 학교 선생님에게 전문가를 소개해 달라고 요청할 수 있다. 전화번호부에서 위기에 처한 사람을 위한 치료 관련 상담을 해주는 전화번호를 찾아볼 수 있다.

격려와 아이돌보기

자녀가 언제나 부모 곁에만 있는 것은 아니다. 부모의 양육태도 유형에 맞는 유아교육기관을 선택하여 돌보도록 하자. 부모는 반드시 자녀를 돌보는 사람이 자녀에게 사랑과 존중을 표현하는지 확인하라.

1. 아이돌보기와 활동에 대한 아이디어

유아를 보육할 수 있는 시설 또는 아이들이 가정을 벗어나 외부환경을 체험할 수 있는 활동들을 보면 다음과 같다.

- 자녀를 친구나 친척에게 맡긴다.
- 집을 방문해서 돌봐주는 보육교사를 채용한다.
- 가정 어린이집, 국공립 어린이집, 유치원에 맡긴다.
- 민간 어린이집이나 직장 어린이집에 맡긴다.
- 유아 가족강화 프로그램에 가입한다. 부모는 다른 부모를 만나 대화를 나눌 수 있고, 아이들은 또래 아이들이나 자신을 사랑해주는 어른과 함께 학습과 다른 활동들을 할 수 있다.
- 지역에서 운영하는 아동복지시설 및 '엄마가 외출하는 날' 같은 프로그램을 찾아본다.

2. 어린이집 선택하기

아이를 보육할 곳이나 아이가 참가할 활동을 선택할 때는 다음의 질문에 유념하여야 한다.

- 가정 어린이집이나 놀이방은 안전한가? 건물 안에서는 문의 안전성, 콘센트 덮개, 잠금장치가 잠겨져 있는 수납장 등 위험물 방지 시설과 연령별 장난감이 골고루 잘 갖추어져 있는지 확인하라. 건물 바깥에서는 울타리가 있는 외부 놀이터가 있는지와 놀이 기구는 자녀의 연령에 비해 안전한지를 확인해야 한다.

- 아이 돌보는 사람을 신뢰할 수 있는가? 아이를 돌봐줄 사람은 유아들과 함께 시간 보내는 것을 좋아하는 사람인지 아동발달, 영양, 안전과 건강에 관한 교육을 받은 사람인지 확인한다.

- 흥미있는 장난감, 책과 장난감들이 갖추어져 있는가? 아이들이 어울려 노는 것을 배울 수 있도록 충분한 활동 프로그램이 짜여져 있는가? 아이들은 행복해하는지, 활발하게 참여하고 있는지를 확인한다. 좋은 프로그램은 아이들에게 TV나 비디오를 사용하지 않는다.

- 어린이집의 교육관, 하루일과와 가치관이 부모 자신과 일치하는가? 어린이집이나 유치원을 선택하기 전에 적어도 한번 이상 방문한다. 다른 부모들과 대화도 해보고 아이를 교육하는 유치원교사나 보육교사와 자주 면담을 하면서 유대관계를 맺는다. 보육· 유치원 교사는 아이를 격려하고 존중하며 훈육함에 있어 일관성 있는 태도를 가져야 한다. 그리고 아이들에게 학습을 강요하지 않으면서 격려하는 사람이어야 한다.

- 부모가 어느 정도 참여할 수 있는가? 자녀가 어린이집에 맡겨져 있거나 교육프로그램에 참가하고 있다면 부모가 미리 약속하지 않고 언제든지 방문할 수 있도록 개방되어야 한다.

- 거주지역의 교육기관 인가요건 내용은 어떠한가? 인가된 시설이라면 자녀의 안전에 대해서는 마음을 놓아도 될 것이나 운영되는 프로그램의 질까지 보장되지는 않는다. 어린이집과 운영프로그램의 질에 대한 최종판단은 부모의 몫이다. 자신의 양육목표를 감안하여 판단하고 자신의 느낌을 믿어라.

- 보육교사 대 아이의 비율은 어느 정도인가? 연구에 따르면 소그룹 편성과 교사 대 아이의 비율이 낮은 것이 아이들에게 좋은 교육환경으로 나타났다. 미국 유아교육연합회(National Association for the Education of Young Children, NAEYC)에서 권장하고 있는 **교사 또는 보육교사 대 아이의 비율은 영아기에는 교사 한 명당 3명, 걸음마기에는 4~5명, 유아기에는 8~9명이다.**

유아기 자녀를 어린이집이나 유치원에 보내기 전에 자녀와 함께 대화를 하라. 자녀의 느낌에 대해 잘 듣고 이해해주고 아이의 질문에 대답해주어라. 안전하다고 설명해주면 자녀의 불안감을 덜어줄 수 있을 것이다. 교육기관에 등록하기 전에 자녀와 함께 기관을 방문하여 유치원교사, 보육교사와 다른 또래 아이들을 만나본다.

불완전함을 받아들이는 용기를 가져라

이 모든 것을 생각하면 부모는 “내가 어떻게 그걸 다 하지? 실수라도 하면 어쩌나?”라고 생각할지 모른다.

누구도 항상 변치 않고 존중하며 격려하는 태도를 유지할 수는 없다는 점을 명심하면 도움이 될 수 있을 것이다. 부모는 누구나 자녀를 양육하면서 실수를 하게 마련이다. 다만 항상 자녀를 존중하는 마음가짐을 간직하고, 될 수 있는 한 자주 격려하도록 한다.

또한 부모 스스로를 격려하는 것도 중요하다. 부모 자신이 무엇을 잘하는지 인식하고 부모는 자신에 대해 긍정적인 감정을 갖도록 도움이 되는 것은 무엇인지 살펴본다.

앞에서 우리는 용기라는 단어에 관해 살펴보았다. Dreikurs는 ‘불완전함을 받아들이는 용기’에 관해 말한 바 있다. 불완전함을 받아들이는 용기를 기르기 위해서는 다음과 같이 할 수 있다.

- 자신을 있는 그대로 받아들인다.
- 실수를 배우는 과정의 일부로 본다.
- 부모 자신, 자녀, 그리고 다른 사람들과 즐겁게 지낸다. 이렇게 하면 결점을 찾는 것보다 훨씬 기분이 나아질 것이다.
- 한꺼번에 완전히 새로운 내가 되려하지 말고 한 번에 조금씩 바꿔나간다.
- 자신의 장점과 좋은 점을 파악한다.
- 자신을 가치 있게 생각한다.
- 부모역할 수행은 극복해야 할 문제가 아니라 충족시킬 도전으로 본다.

부모 스스로 강한 자아존중감을 갖게 될 때 비로소 자녀가 강한 자아존중감을 갖도록 도울 수 있다. 부모 스스로 삶의 도전에 맞서 싸우고

금주의 할 일

극복하는 용기를 가질 때 자녀가 용기를 갖도록 도울 수 있다.

이 주에는 자녀를 격려하는 방법을 찾아본다. 가능한 한 많은 방법을 찾고 격려를 할 때마다 다음 사항을 관찰한다.

- 어떠한 일이 일어났는가?
- 나는 어떠한 방법으로 자녀를 격려했는가?
- 나의 격려에 자녀는 어떤 반응을 보였는가?

부모 스스로를 격려한다.

- 자신의 장점, 노력과 개선에 관심을 집중한다.
- 지속적으로 긍정적인 혼잣말을 한다.

기억해야 할 핵심 사항

1. 존중과 격려는 자녀의 자아존중감 발달을 돕는다.
2. 자녀를 격려하는 부모의 태도는 다음과 같다.
   - 자녀를 사랑하고 수용한다.
   - 자녀를 신뢰한다.
   - 자녀의 노력과 개선된 점을 찾아 인정해준다.
   - 자녀에게 감사한다.
3. 격려는 아무런 대가를 바라지 않는 선물이다. 누구든지 격려를 받을 수 있고 잘하지 않아도 노력이나 자신의 존재 자체만으로도 격려를 받을 수 있다.
4. 자녀가 학습방법을 배우도록 도우라. 자녀에게 완벽해야 한다고 가르치지 마라.
5. 자녀에게 무리하게 강요하지 마라. 자녀에게 합리적인 목표를 설정하고 자녀의 노력을 있는 그대로 받아들이며 개선된 점을 찾아 격려해주어라.
6. 자녀에 대한 사랑을 표현하라.
   - "나는 너를 사랑한다."라고 말하라.
   - 감사하다는 표현을 하라.
   - 자녀와 함께 시간을 보내라.
   - 존중하는 태도로 자녀의 행동을 지도하라.
   - 신체접촉을 통해 사랑을 표현하라.
7. 자녀를 돌보는 사람이 자녀를 사랑과 존중으로 대하는지 확인하여야 한다.
8. 스스로를 격려하고 불완전함을 받아들이는 용기를 가져라.

자신을 위해 이렇게 해 봅시다

부모 자신과 다른 성인들의 관계

자녀를 격려하느라 다른 가까운 어른들과의 관계를 소홀히할 수는 없다. 배우자, 친구, 또는 형제자매와 따로 오붓한 시간을 보내도록 한다. 이때 당신은 다음의 활동 중 한 가지를 할 수 있다.

- 단 둘이 대화한다.
- 산책을 한다.
- 함께 자전거를 타거나 운동을 한다(단, 대화할 시간은 남겨둔다).
- 소풍을 간다.
- 함께 점심 또는 저녁식사를 한다.
- 찻집에 가서 차를 마신다.
- 주말에 여행을 간다.

함께 시간을 보낼 때는 자녀 생각은 잠시 접어두고 대신 둘만의 관계에 집중하라. 상대방의 말을 경청하고 자신의 감정을 솔직하게 얘기하며 서로 격려하라. 함께 즐거운 시간을 보내라.

금주에 할 일은 다른 성인과 함께 즐거운 시간을 가지는 것이다.

<표 3>

영유아기 자녀 격려하기

절대로 무리하게 강요하지 말고 스스로 배우도록 격려하라.

발달시기	부모가 할 일	부모가 피해야 할 일
영아기	아기가 자신의 발달속도에 따라 탐색하게 한다.	지나친 자극, 자녀가 두려워하면 동물을 멀리한다.
	아기에게 연령에 맞는 장난감을 준다.	딱딱하거나 위험한 장난감을 준다(예 크기가 작아서 아기가 삼킬 수 있는 것, 입에 넣고 빨 경우 위험한 것, 모서리가 날카로운 것).
	아기가 자신의 속도에 따라 자연스럽게 성장발달하도록 한다.	아기가 신체적으로 미숙하거나 준비되지 않은 상태에서 기어가기와 걸음마 연습을 시킨다.
	아기가 컵에 관심을 보이면 모유나 우유를 떼도록 도와준다.	아기가 준비가 안 된 상태에서 무리하게 모유나 우유를 뗀다.
걸음마기	아이가 심리적으로나 신체적으로 충분히 발달한 상태에서 대소변훈련을 시작한다.	아이가 변기에 관심이 없거나 신체발달이 미숙한 상태에서 무리하게 변기사용과 대소변훈련을 강요한다.
	아이가 원하고 준비가 되었을 때 자연스럽게 고무젖꼭지나 담요를 포기하도록 돕는다.	아이가 아직도 정서적으로 고무젖꼭지나 담요에 의존하고 애착하는 상태에서 무리하게 뺏는다.
	연령에 적합한 행동을 하도록 유도한다(예 숟가락과 젓가락사용법 배우기).	자녀의 발달단계보다 성숙하게 행동하도록 요구한다.
유아기	아이가 연령에 적합한 기술을 배우도록 격려한다.	자녀의 연령수준에서 이해할 수 없는 기술과 사고를 가르친다.
	창의적인 놀이를 하도록 단계를 설정한다.	놀이에 엄격한 '규칙'을 정한다(예 아이가 핑거페인팅으로 더럽히지 않도록 기대한다).
	아이가 새로운 것을 시도하도록 격려한다. 실수는 해도 된다는 점을 강조한다.	일을 '똑바로' 해야 한다고 강조한다. 완벽하기를 기대한다.

Chapter 4

영유아의 말에 귀기울이고 대화하기

우리는 자녀에게 존중을 가르치고 싶어한다. 대부분 인간관계의 관건은 상호존중을 바탕으로 한 의사소통이다. 예를 들어 친구관계에서 상호존중을 바탕으로 한 의사소통이 얼마나 중요한지 생각해 보자.

당신과 친구 영해가 TV를 보고 있다. 영해가 음료수 컵을 건드려서 카펫 위에 엎지른다. 영해는 미안해서 쩔쩔매면서 "아, 어떡해! 네 카펫에다 이러다니!"라고 말한다. 당신은 걸레로 쏟아진 음료수를 닦으면서 "영해야 걱정 마. 이보다 더한 것도 쏟았는데 뭐."라고 말해 준다.

친구가 문제가 있거나 실수를 하면 우리는 친구의 감정을 배려해주고 친구의 말을 경청하며 도와주려 애쓴다. 이것은 우리가 친구를 존중하고 소중히 여기기 때문이다. 자녀도 이와 같이 대접하면 더욱 친밀한 부모자녀 관계를 만들어나갈 수 있다.

또 우리는 화가 날 때 친구에게 내 감정에 대해 말하고, 친구가 내 말을 경청하며 내 감정을 이해하고 수용해주길 바란다. 자녀가 화가 났을 때도 마찬가지다.

말은 자녀가 자신의 의사를 전달하는 여러 방법 중 하나일 뿐이다. 영유아기의 자녀는 아직 말을 잘하지 못하기 때문에 부모는 자녀의 표정

본 장에서 배울 내용

- 자녀의 말을 존중하는 태도로 듣고 대화하는 것이 중요하다.
- 자녀가 어떻게 느끼는지를 알기 위해 경청하는 것은 부모가 배워야 할 기술이다.
- 자녀에게 감정을 표현하는 것은 정상적이고 자연스럽다는 것을 알려줄 수 있다.
- 부모는 문제에 관해 비난하지 않고 대화할 수 있다.

과 몸짓을 잘 읽어야 한다. 또한 부모 자신의 행동은 **부모**의 감정을 대변하기 때문에 부모의 '신체언어'가 무슨 말을 하고 있는지도 인식해야 한다. 그러면 부모 자신이 자녀를 이해하고 존중하는지 여부를 알 수 있을 것이다.

어떻게 하면 좋은 경청자가 될 수 있을까?

의사소통은 듣기와 말하기 두 부분으로 이루어진다. 부모가 자녀와 효과적인 의사소통을 하기 위해서는 무엇보다 자녀의 말을 주의 깊게 듣고 존중하는 태도로 말해야 한다.

만일 우리가 내 자녀에게 하듯이 친구를 대한다면 어떤 일이 일어날까 상상해 보라.

부모는 자녀의 말을 주의 깊게 경청하여야 한다. 우리가 자녀의 말을 잘 들으면 자녀는 자신이 이해받고 있다고 느끼게 된다. 부모는 자녀가 자신의 감정을 파악하고 그 이유를 분석해서 문제에 대한 해결책을 찾는 데 도움이 될 수 있다. 또 자녀에게 좋은 청취자가 되는 법을 보여줄 수 있다.

듣기는 부모가 아기의 첫 울음소리에 반응을 보이면서부터 시작된다. 아기는 배고픔, 피곤함, 아픔, 지루함과 두려움을 울음소리로 표현한다. 이때에는 곧 아기가 신체언어를 사용하기 때문에 부모는 눈으로도 '**듣는 것**'이 필요하다. 아기가 웃는 것은 '난 행복해요'라는 표현이고 밀어내는 것은 '난 화났어.'라는 표현이다.

가장 친한 친구를 대하듯이 자녀를 대하라.

아기는 자라면서 어떤 소리와 행동이 부모의 주의를 끌 수 있는지 알게 된다. 예를 들어 걸음마기 아이는 어른을 부엌으로 끌고가서 자기가 좋아하는 음식을 가리킬 수 있다. 대부분의 아이는 생후 1년이 지나면 말을 하기 시작하고 더 지나면 단어를 바탕으로 완전한 문장을 만들 수 있다.

유아의 말을 경청해야 하는 데는 다양한 이유가 있다. 아이가 부모에게 하는 대부분의 말은 명확하고 단순하다 "난 과자를 먹고 싶어요." 부모의 반응도 "그래, 먹으렴." 또는 "안 돼, 먹을 수 없어."와 같이 명확하고 단순하다. 이런 종류의 듣기는 쉽다.

그러나 가끔 자녀가 무슨 말을 하려는지 불명료한 때가 있다. 이때에는 자녀가 자신의 감정을 어떻게 표현할지 모르기 때문이다.

두 살 된 아이가 아침식사 내내 기분이 좋았다가 갑자기 상을 찌푸리면서 "싫어!" 하고 소리친다. "다 먹었니?"라고 물어보니 또 "싫어!"라고 소리치며 울기 시작했다. 아이가 기분이 좋지 않다는 것은 알겠는데 도대체 그 이유가 오리무중이다. "왜 그러는지 말해 줄래?"라고 물으니 아이는 귀를 잡아뜯으면서 "귀! 나빠!"라고 소리친다. 부모는 자녀를 부드럽게 안아올리면서 "체온계를 찾아보자. 그리고 귀가 아프면 낫게 해야지."라고 말해 준다.

부모가 자녀의 말을 듣고 느낌에 대해 말하는 방법은, 자녀에게 존중하는 태도로 대화하는 법을 보여줄 수 있다. 부모는 자녀의 느낌을 듣고 이해하고 수용할 수 있어야 한다. 그러면 자녀는 수년에 걸쳐 서서히 다른 사람의 감정을 이해하기 시작할 것이다.

1. 자녀의 감정에 귀기울이기

부모는 자녀의 느낌에 귀기울이고 말로 표현해줌으로써 자녀에게 존중을 가르칠 수 있다.

느낌을 듣는다는 것은 특수한 기술이다. 이를 우리는 **반영적 경청**(reflective listening)이라고 부른다.

부모는 반영적 경청을 사용함으로써 자녀의 느낌을 소중히 여기고 자녀의 말과 신체언어(body language) 이면의 의미를 이해한다는 것을 보여줄 수 있다. 반영적 경청은 부모가 자녀를 **이해하고 싶어한다**는 것을 알리는 방법이다.

1) 반영적 경청을 사용하는 방법

1. 듣기 : 부모가 듣고 있다는 것을 몸으로 보여준다. 다른 하던 일을 모두 중단하고 자녀를 정면으로 쳐다본다. 옆에 앉거나 무릎을 꿇어 자녀의 눈높이와 맞추든지 자녀를 안아올려 얼굴과 얼굴을 마주한다.
2. 느낌에 귀기울이기 : 자녀의 말을 들으면서 스스로에게 질문해 본다. "내 아이는 지금 어떤 느낌일까?" 그 느낌을 적절하게 표현할 수 있는 말을 생각해 본다.
3. 들은 것을 말해 주기 : 부모는 자녀의 느낌을 **반영**하는 일종의 거울이라고 생각하라. 또한 부모는 자녀가 그렇게 느낀 이유가 무엇이라고 생각하는지를 반영해준다.

느낌을 반영하기 위해 ' 네가 ~을(를) 느꼈구나(you feel)' 와 ' 때문에(becasue)' 라는 표현을 사용한다.

- "**지숙이가** 저녁 먹으러 온다고 했기 때문에 **네가 흥분된 기분을 느꼈구나.**"
- "**네가** 일을 열심히 했기 때문에 **피로감을 느꼈구나.**"

얼마 후면 반영적 경청이 보다 자연스럽게 느껴질 것이다. 그때에 부모는 자신의 말로 사용하기를 원할 수도 있다.

- "미영이가 다쳐서 네가 미안함을 느꼈구나."
- "넌 새미와 노는 걸 좋아하지, 그렇지 않니?"

세 살 된 아이가 아침에 공원에서 재미있게 논 후 훌쩍거리기 시작한다. 아이는 발을 질질 끌면서 "집에 가기 싫어!"라고 말한다. 엄마는 반영적 경청을 사용하여 "우리 놀이시간이 끝나서 실망하고 있구나. 너는 정말 재미있게 놀고 있었는데!"라고 말해 준다.

자녀가 어떻게 느끼는지 확신할 수 없을 때는 추측을 해보아도 좋다.

아들이 유치원에서 돌아왔는데 인상을 잔뜩 쓰면서 "유치원은 멍청해!"라고 말한다. "네가 오늘 유치원에서 있었던 일 때문에 화난 모양이구나."라고 반응을 한다. 아들은 "아뇨. 난 화나지 않았어요. 하지만 선생님이 날 싫어해요."라고 하면서 선생님과의 사이에 있었던 일을 얘기하기 시작한다.

만약 부모가 "너 그렇게 말하면 안 돼! 유치원은 멍청하지 않아."라고 말한다면, 아들은 아마 자신의 감정이 품어서는 안 되는 나쁜 감정이라고 생각하고, 또 부모에게 편안하게 어떤 일이 있었는지를 얘기하지 못할 것이다.

2. 유아가 느낌을 표현할 수 있는 말을 찾도록 돕기

아이는 느낌을 표현하는 어휘를 많이 알고 있어야만 자신이 어떻게 느끼고 있는지를 분명하게 말할 수 있다. 부모는 반영적 경청을 사용함으로써 자녀에게 자신의 감정을 올바르게 표현할 수 있도록 가르칠 수 있다.

부모들이 자주 사용하는 감정표현의 어휘로는 크게 5가지를 들 수 있는데, '좋다', '나쁘다', '행복하다', '슬프다', '화나다' 이다. 이들 어휘가 언제나 모든 이야기나 감정을 다 표현해주는 것은 아니다.

아래의 어휘목록을 보고 가능한 한 느낌을 나타내는 다른 표현들을 많이 생각해 보라.

1) '행복한' 느낌을 나타내는 표현

감사하다	즐겁다	굉장하다	괜찮다
기분이 좋아지다	흥분하다	행복하다	만족스럽다
유쾌하다	반갑다	좋아하다	자랑스럽다
기쁘다	좋다	사랑하다	멋지다

영유아는 느낌을 표현하는 어휘를 많이 알아야 자신의 느낌을 정확하게 말할 수 있다.

2) '언짢은' 느낌을 나타내는 표현

화나다	실망하다	속상하다	슬프다
짜증나다	놀라다	약오르다	무섭다
혼란스럽다	죄책감이 들다	따돌림받다	미안하다

언제, 반영적 경청을 사용해야 할까?

반영적 경청은 부모나 자녀 모두에게 새로운 것이기 때문에 다음의 몇 가지 요령을 알아두면 도움이 될 것이다.

자녀의 격한 감정에 귀기울여라 : 가끔 아이들은 격앙된 언어나 행동을 나타낸다. 그리고 다음과 같은 신체언어를 사용할 수도 있다. 울음, 때리기, 고집부리기, 웃음, 껴안기 등이다. 또 아이들은 "엄마 미워!", "난 집 나갈 거야.", "엄마는 이 세상에서 최고 엄마야!"와 같은 강한 표현을 사용할 때가 있다.

부모가 이러한 강한 감정을 보거나 듣게 될 때, 반영적 경청을 사용하여 "넌 굉장히 화가 났구나!", "훈이가 놀러온다고 해서 네가 정말 흥분되어 있구나."라고 말해 줄 수 있다. 이렇게 하면 자녀는 자신의 느낌을 확실하게 파악하고, 그런 감정을 느끼는 것이 자연스럽고 정상적이라는 것을 알게 될 것이다.

자녀의 숨겨진 감정에 귀기울인다 : 가끔 부모는 자녀의 감정이 겉으로 드러나지 않고 숨겨져 있다는 것을 안다. 이때에도 반영적 경청이 도움이 될 수 있다.

네 살 된 여아가 TV를 2시간 동안 보고 난 후, 아무 하는 일 없이 이방 저방을 기웃거리고 다닌다. 그런 다음 아이는 또 TV를 보겠다고 요구한다. 엄마는 "네가 지루한 모양이구나. 네가 할 만한 것이 무엇이 있는지 생각해 보자."라고 말해 준다.

반영적 경청은 자녀에게 느낌의 표현이 자연스럽고 정상적이라는 것을 알도록 가르쳐준다.

엄마의 말을 듣고 아이는 자신의 감정이 구체적으로 무엇인지 알아차리게 될 것이다. 따라서 아이는 자신을 위해 어떤 행동을 선택할지 보다 잘 결정할 수 있게 된다.

반영적 경청은 '안 돼' 라고 말해야 할 때 도움이 된다 : 가끔 자녀에게 안 된다고 말해야 할 때도 있다. 그러면 자녀는 울거나 소리를 지를 수도 있다. 이러한 상황에서는 반영적 경청을 사용하라. 그러면 자녀는 부모가 자신의 감정을 이해하였다는 것을 알 것이다.

- "방금 내가 TV 시청은 안 된다고 말했기 때문에 네가 화난 것을 알 수 있어."
- "네가 화난 건 안다. 하지만 내 대답은 여전히 '안 돼' 라는 것이야. 나는 지금 세탁기에 빨래 넣으러 가야겠다."

• "네가 나에게 화가 많이 났다는 것을 알 수 있어. 그건 괜찮아. 네가 나에게 '난 엄마에게 화가 났어요'라고 말해도 돼. 하지만 네가 나에게 무례한 태도로 말하면 난 대답하지 않겠어."

일단 자녀가 넘어서는 안 될 한계를 설명해준 다음에는 자녀의 욕설을 무시하라. 만일 이렇게 하는 것이 어렵다면 자녀를 그 방에서 내보내야 할 것이다. 이때 "나는 네가 남들과 함께 어울리지 않겠다고 결정한 것을 알 수 있다."라고 설명할 수 있다.

항상 반영적 경청이 필요한 것은 아니다 : 많은 경우 "난 우유 마시고 싶어요."와 같이 자녀가 전달하려는 내용은 명확하고 단순하다. 이때에는 자녀의 말에 아무런 감정도 숨겨져 있지 않으므로 반영적 경청이 필요하지 않다.

가끔 자녀의 말을 들어줄 수 없는 때가 있다 : 유아기 자녀는 자기중심적 사고를 하기 때문에 언제라도 부모가 자신의 말을 들어주길 원한다. 그러나 부모가 아무 때나 자녀의 말을 들어주는 것은 불가능할 뿐더러 바람직하지도 않다. 만일 부모가 자녀의 말을 들어줄 수 없는 상황이면, 나중에 그것에 대해 말할 수 있다고 다음과 같이 말하라. "네가 동물원에 갔던 게 너무 재미있어서 모두 얘기하고 싶은 걸 알아. 하지만 먼저 전화를 해야 하니까 엄마가 전화 끊고 난 후 얘기해 줄래?"와 같이 나중에 대화하자고 말한다.

자녀가 경청하게 하려면 어떻게 말해야 할까?

앞에서 반영적 경청의 듣기와 말하기는, 자녀의 말을 들으면서 그 이면에 깔린 감정을 이해하고 자신이 이해한 대로 다시 말해 주는 서로 연결된 과정임을 배웠다. 이때 자녀의 감정을 반영해줄 뿐 아니라 부모 자신의 감정에 대해서도 표현해주어야 한다. 이제 자녀에게 **부모 자신의 감정**에 대해 말하는 방법을 살펴보기로 하자.

1. 존중하고 격려하는 태도로 말하라

자녀와의 사이에 문제가 있을 때 부모는 그 문제에 대해 말해야 한다. 비판하지 말고 존중하는 태도로 자신의 감정을 표현하도록 한다.

민구와 나영은 모두 네 살이다. 민구 아빠와 나영이 아빠는 커튼봉을 설치하느라 바쁘다. 민구와 나영이는 아파트 안을 뛰어다니면서 마구 떠들고 놀더니 간식을 달라고 하거나 신발끈을 매달라고 하거나 잃어버린 장난감을 찾는 데 도와달라고 하는 등등 쉴 새 없이 요구를 한다.

민구의 아빠는 "민구야, 이 못된 놈 같으니. 그만 귀찮게 해. 이러면 내가 어떻게 일을 끝내겠니?"라고 말한다. 나영이 아빠는 "이렇게 시끄러우면 이 일을 하는데 시간이 더 걸리게 된단다. 이 일이 끝나면 간식을 줄 수 있어."라고 말한다.

나-전달법은 판단이나 비난을 담지 않고 단순히 부모가 어떻게 느끼는가를 말한다.

위의 사례에서 민구의 아빠는 아들을 심하게 나무랐다. 일할 때 자녀가 떠들고 방해하면 힘든 것은 이해가 되지만 '이 못된 놈아'라는 표현은 민구를 의기소침하게 만들 수 있다.

반면 나영이의 아빠는 격려하는 태도를 보여주었다. 아빠는 나영이의 요구에 답은 해주면서도, 지금은 일부터 해야 한다는 한계를 설정하고 나영이의 협력을 기대한다고 말했다.

나영이는 아빠에게 협력할까? 그렇게 한다면 아빠는 나중에 "오늘 내가 일을 끝내도록 조용히 놀아서 도움이 되었다."라고 말한다. 만약 나영이가 협력하지 않는다면 아빠는 딸을 존중하는 태도로 너의 행동은 부적절하다고 말해 줄 수 있다.

그럼 우리는 어떤 종류의 존중하는 표현을 사용할 수 있을까? 문제에 관해 말하는 한 가지 방법은 '나-전달법(I-message)'을 사용하는 것이다.

2. 나-전달법을 사용하라

자녀에게 말할 때 우리는 '너-전달법'과 '나-전달법'을 사용할 수 있다.

주로 **너**로 시작하는 너-전달법은 "넌 그것도 모르니?"와 같이 상대방을 비하 또는 비난하거나 잔소리하는 데 사용된다. 너-전달법을 사용한 표현에 많이 노출된 자녀는 자신을 가치 없고 보잘것없는 존재로 여기게 된다. 또 부모에게 반항하거나 부모의 말에 더이상 귀기울이지 않을 것이다. 너-전달법은 자녀에게 자아존중감과 협력하는 마음을 가르칠 수 없다.

반면 나-전달법은 존중하는 태도를 바탕으로 하고 있다. 부모와 자녀가 문제에 관해 대화를 나눌 때에는 너-전달법보다 나-전달법이 더 좋은 방법이다. 나-전달법은 자녀가 부모의 권리를 무시할 때 부모가 어떻게 느끼는지를 말하는 방법이다. 이 방법은 자녀가 아니라 부모 자신에게 초점을 두며, 자녀를 판단하거나 비난하지 않고 단순히 부모 자신의 느낌만을 전달한다.

나-전달법은 세 부분으로 나누어진다

나-전달법을 사용하려면 다음의 3단계를 따라야 한다.

1. 어떤 일이 일어나고 있는지를 말한다 : 상황설명
2. 부모 자신이 어떻게 느끼는지를 말한다 : 느낌
3. 왜 그렇게 느끼는지 이유를 설명한다 : 이유

나-전달법의 예를 들면 다음과 같다.

- "네가 남을 때리는 걸 보면 나는 걱정이 된다. 왜냐하면 누군가 다칠 수 있으니까."

위의 말은 다음의 3가지 표현을 사용하고 있다.

1. ~면	"나는 때리는 것을 **보면**
2. 나는 (~을) 느낀다	**나는 걱정**이 **된다**.
3. 왜냐하면	**왜냐하면** 누군가 다칠 수 있으니까."

- "장난감이 카펫 위에 흩어져 있으**면** 난 **실망스럽다**. **왜냐하면** 내가 청소를 하기 전에 장난감을 치워야 하니까."
- "그렇게 시끄럽게 우는 소리를 들으**면** 난 정신이 **혼란스럽다**. **왜냐하면** 네가 무슨 말을 하려는지 알아들을 수가 없으니까."

나-전달법을 사용하면, 부모 자신에 대한 존중감을 보여주고 스스로의 감정과 원하는 바를 솔직하게 표현할 수 있는 한편 자녀에 대한 존중감을 보여주고 자녀의 협력을 기대하고 있음을 표현할 수 있다.

나-전달법은 걸음마기 후반이나 유아기의 자녀에게 말할 때 사용할 수 있으며, 그보다 어린 자녀에게는 좀 더 쉬운 표현을 써서 말하는 것이 좋다.

- "나는 누가 내 코를 잡아당기면 싫어. 아파."
- "나는 그렇게 시끄러운 소리를 들으면 머리가 아파."

나-전달법의 가장 중요한 특징은 다음과 같다.

- 나-전달법은 내 자녀가 아니라 나 자신에게 초점을 둔다.
- 나-전달법은 아무도 비난하지 않는다.

나-전달법의 예를 몇 가지 더 들어보자.

두 살인 진선이가 큰길로 달려나간다. 엄마는 서둘러 아이의 뒤를 쫓아가 진선이를 데리고 골목길로 돌아온다. 엄마는 딸에게 "네가 큰길로 뛰어들면 난 겁이 난다. 왜냐하면 네가 차에 치일 수 있고 그러면 아주 많이 아프거든."이라고 말해 준다.

진선이는 엄마의 감정을 이해하기에는 너무 어리다. 그러나 엄마의 어조 이면에 깔린 감정은 느낄 수 있다.

정호와 철웅이는 네 살이다. 정호는 자기 장난감을 철웅이와 같이 갖고 놀지 않겠다고 버틴다. 정호의 엄마는 "정호야, 철웅이에게 네 장난감에 손을 못 대게 하면 엄마는 실망스러워. 왜냐하면 둘이 싸우게 되니까. 그리고 네가 장난감을 같이 갖고 놀지 않아서 철웅이가 마음이 상한 것 같구나."라고 말한다.

엄마의 나-전달법이 문제를 해결하지 못할 수도 있다. 그러나 정호에게 자신의 행동이 두 사람에게 상처를 주었다는 것을 알려주어, 스스로의 선택에 의해 문제해결에 나설 수 있는 발판을 만들어주었다.

3. 분노의 나-전달법은 피하라

부모는 나-전달법을 사용할 때 부정적 감정을 배제하는 것이 중요하다. 부모가 분노를 표출하는 나-전달법을 사용하면 자녀는 자신이 비난을 받지 않는다고 느끼기 어려울 것이다.

대개 분노는 감정의 일부분에 지나지 않는다. 예를 들면 처음에는 실망감을 느꼈지만 아무 표현을 안 한다. 대신 속으로 그것만 곰곰이 생각하다 보니 서서히 분노를 느끼게 되는 것이다. 이때에는 무슨 말을 하더라도 분노가 표출되게 마련이다.

그러면 우리는 어떻게 해야 분노의 나-전달법을 피할 수 있을까? 좋은 방법은 자신의 분노와 연계된 감정을 표현하는 것이다.

엄마는 세 살 된 아이와 함께 가게에서 물건을 고르고 있었다. 엄마가 잠시 물건에 집중한 사이 아이는 홀로 가게 안을 여기저기 돌아다니다 사라져버렸다. 엄마는 아이에게 무슨 일이 있을까 봐 두려움에 떨면서 찾았다. 아이를 발견하고는 엄마는 매우 화가 났다. 그러나 엄마는 화를 내는 대신 두려움을 표현하기로 결정하였다. 그래서 아이를 꼭 껴안으면서 "다행이다, 네가 안전해서! 네게 무슨 일이라도 생겼을까 봐 내가 얼마나 무서웠는데! 제발 엄마 곁에 꼭 붙어 있어라."라고 말한다.

아이가 이것으로 안전에 대해 교훈을 얻을 것이라고 생각해 도 될까? 그렇지 않다. 문제를 이해하는 어린아이들의 시각은 어른의 시각과는 다르다는 것을 명심하라. 유아들에게는 수년에 걸쳐 안전수칙을 수없이 반복해서 가르쳐야 한다. 나-전달법의 사용은 자녀로 하여금 존중감을 느끼도록 도와준다. 아이는 부모가 자신을 존중하고 소중하게 여기기 때문에 소리치며 야단치거나 비난하거나 위협하지 않고 문제를 해결하려는 것을 알게 된다.

존중에 바탕을 둔 의사소통에는 시간이 걸린다.

4. 다정한 나-전달법도 사용하라

유아는 다정한 나-전달법의 표현을 듣고 싶어한다. 다정한 나-전달법은 매우 훌륭한 격려방법이다.

- "오늘 집에 와서 너의 행복한 미소를 보니 정말 좋구나."
- "네가 해란이에게 네 인형을 가지고 놀도록 한 걸 알아. 네가 남과 나눌 줄 알게 되어 정말 좋다."
- "난 네가 엎지른 주스를 스스로 닦는 걸 보니 행복하구나, 네가 그런 일을 스스로 할 수 있다는 걸 알게 되어서…."

5. 부모의 기대를 현실적인 수준으로 조절하라

반영적 경청과 나-전달법은 자녀와의 원활한 의사소통에 도움이 되고, 또 자녀를 통제하지 않으면서 바르게 인도할 수 있는 방법이다. 자녀가 존중받는다고 느낀다고 해서 부적절한 행동을 당장 그만두지는 않을 것이다. 그러나 포기하지 마라! 제대로 의사소통을 하려면 오랜 시간이 걸린다. 자녀는 의사소통 방법을 배우기 시작했고 시작이 반이다.

언제 반영적 경청과 나-전달법을 시작해야 할까?

자녀가 영아기일 때 반영적 경청과 나-전달법을 사용하기 시작할 수 있다. 아주 어린 아이는 부모가 하는 말의 의미를 놓칠 수는 있지만 부모의 어조와 표정에 담긴 온정과 존중하는 마음을 놓치지는 **않을** 것이다.

- "나는 네가 목욕하기 좋아하는 걸 알아."
- "우와, 네가 딸랑이에 손이 닿았구나."
- "네가 고양이 꼬리를 잡아당기면 고양이가 아파."
- "네가 입을 벌리면 음식이 더 잘 들어갈 거야. 그럼 넌 그렇게 화나고 배고프지 않을 텐데."

반영적 경청과 나-전달법 기술을 일찍 시작하여 차근차근 연습하면 자녀가 말을 시작할 때쯤이면 잘할 수 있을 것이다. 그렇게 되면 자녀와 시작부터 존중에 바탕을 둔 관계를 형성해나갈 수 있을 것이다.

금주의 할 일

자녀가 말대꾸를 하거나 잘못된 행동을 할 때 **맨 처음** 무슨 말이 떠오르는지 관찰하기 시작한다. 생각 없이 나오는 대로 말하지 않도록 자신을 통제한다.

대신 자녀를 존중하는 태도로 말하는 방법을 생각해 본다. 가능한 한 자주 연습하도록 한다.

- 반영적 경청을 사용하라.
- 나-전달법을 사용하라.
- 반드시 긍정적인 느낌을 반영하여 말하라.

격려 STEP

자녀가 언제 긍정적인 행동을 하려 하는지 관찰하고 그 노력에 초점을 두어 격려해준다. 몇 가지 예를 들어보면 다음과 같다.

- "네가 그 탑을 쌓느라 오랫동안 애쓴 걸 알아."
- "넌 저녁 준비 도와주는 걸 좋아하는 것 같구나."
- "네가 퍼즐을 다 맞췄구나! 넌 정말 열심히 했어. 노력해서 알아내면 기분이 좋지, 그렇지 않니?"

특히 자녀가 협력을 시도할 때를 유의하여 관찰하라.

기억해야 할 핵심 사항

1. 어린아이는 말을 시작하기 훨씬 전부터 신체언어를 사용한다.
2. 어린 자녀는 가끔 자신의 감정을 구체적으로 표현할 수 있는 적절한 단어를 알지 못한다.
3. 부모가 반영적 경청을 사용할 때에는 자녀의 느낌과 그 느낌의 이유를 반영해서 표현한다.
   - "미영이가 다쳐서, 네가 미안함을 느꼈구나."
   - "지숙이가 저녁 먹으러 온다고 해서, 네가 흥분된 기분이구나."
4. 아이는 자신의 느낌을 표현하는 어휘를 듣고 배워야 한다.
5. 너-전달법은 자녀를 질책하거나 비난하는 메시지를 전달한다.
6. 나-전달법을 사용하기 위해서는 무슨 일이 일어나고 있는 상황, 부모의 느낌, 왜 그렇게 느끼는지의 이유를 말한다. 이들은 다음의 3가지 부분으로 표현된다.

• ~면	"네가 때리는 것을 **보면**
• 나는 (~을) 느낀다	**난 걱정**이 **된다**.
• 왜냐하면	**왜냐하면** 누군가 다칠 수 있으니까."

7. 분노의 나-전달법 사용을 피하라.
8. 반영적 경청과 나-전달법은 존중하는 마음을 전달하는 방법이다.
9. 자녀가 존중하는 말과 행동을 배우는 데는 오랜 시간이 걸릴 것이다. 포기하지 말고 노력하라.

자신을 위해 이렇게 해 봅시다

성인들 간에도 '솔직한 대화'가 필요하다.

부모와 자녀 사이는 존중에 바탕을 둔 대화가 중요하다. 또한 부모와 다른 성인 간에도 존중에 바탕을 둔 대화가 중요하다.

예를 들어 오늘이 '내가 설거지하는 날'이라고 가정해보자. 배우자나 친구가 더러운 접시와 냄비를 식탁 위에 그대로 놓아두었다면 다음과 같이 말할 수 있다 : "빈 그릇을 그대로 식탁 위에 놓아두면 난 실망감을 느껴. 왜냐하면 설거지하는 데 훨씬 힘이 드니까."

그래도 아무런 반응이 없다면 "내가 설거지를 더 빨리 할 수 있도록 그릇들을 싱크대에 옮겨놓아주길 바란다."라고 원하는 바를 분명히 말하라. 나-전달법과 명확한 진술을 함으로써 다음의 3가지를 달성할 수 있다.

- 내가 원하는 것이 무엇인지 구체적으로 말한다. -"난 안아주길 원해.", "난 대화 나눌 시간을 내줬으면 해."
- **내가** 무슨 행동을 할 것인지 설명한다. -"나는 세탁물 바구니에 있는 빨래만 세탁할 거야.", "네가 샐러드를 만들면 난 저녁밥을 할게."
- 친근하고 존중하는 태도를 유지한다. -단호하게 말할 때도 마찬가지이다.

배우자 또는 친구와의 문제에 대해 생각해 보자. 아마도 자신의 감정을 말해야 할 때 침묵을 지켰거나 비난 섞인 태도로 말했을 것이다. 어떻게 하면 자신의 의사를 더 나은 방식으로 전달할 수 있었을까?

금주에는 자신의 의사표현하는 연습을 하라. 너무 무리하지 말고 한 번에 한 단계씩 차근차근 해나간다.

<표 4>

반영적 경청과 나-전달법

	반영적 경청	나-전달법
영아기 아기는 부모의 말을 다 이해하지는 못하지만 부모의 감정은 느낀다.	"네가 공에 손이 닿지 않아서 화가 난 것 같구나." "개가 물까봐 두려워하는구나." "곰돌이가 생겨서 굉장히 행복하구나."	"네가 아프면, 난 슬프다." "네가 웃는 걸 보면 나도 행복해!" "네가 왜 우는지 이유를 알 수 있으면 좋을텐데."
걸음마기 걸음마기 자녀는 보다 많은 언어표현을 사용한다. 자녀의 감정을 이해하기 위해 자녀의 행동도 관찰하라.	"내가 과자는 안 된다고 말해서 나에게 화난 것 같구나." "네가 놀 수 있어서 정말 신이 나는구나." "네 얼굴에 슬프다고 말하고 있네. 넌 이게 부당하다고 생각하니?"	"네가 왜 우는지 이유를 알지 못하면 어떻게 도와줘야 할지 알 도리가 없어." "네가 '엄마 미워' 라고 말하면 난 슬퍼. 그래도 난 여전히 널 사랑해." "네가 장난감을 던지면 난 뭔가 깨질까봐 걱정돼."
유아기 유아기 자녀는 보다 이론적으로 사고할 수 있다. 자녀의 감정을 이해하기 위한 자녀의 행동 관찰을 계속하라. 감정을 정확하게 표현하는 단어를 사용하라. 필요하다면 추측을 해보라.	"경기에 이기지 못해 실망한 모양이구나. 그 문제에 대해 이야기하기를 원하니?" "혹시 네가 소외감을 느끼고 있니?" "전체 그룹활동 시간에 네가 도와준 데 대해 선생님이 고마워해서 좋지?"	"난 네가 스스로 장난감을 정리정돈하면 기분이 좋아. 왜냐하면 네가 돕고 싶어하는 걸 알 수 있으니까." "난 네가 젖은 골목길에서 뛰면 걱정돼. 왜냐하면 길이 미끄러워서 네가 넘어져 다칠 수 있으니까." "네가 친구들과 잘 놀면 난 행복함을 느껴. 왜냐하면 네가 다른 사람들과 잘 지낸다는 것을 알 수 있으니까."

Chapter 5

영유아가 협력을 배우도록 돕기

부모는 내 자녀가 책임감 있는 어른으로 성장하길 원한다. 자녀는 앞으로 타인과 더불어 생활하고 일하며 즐거워할 수 있으려면 협력하는 법을 배워야 한다. 이를 위해 우리가 부모로서 해야 할 일 중 하나가 바로 협력을 가르치는 것이다. 자녀에게 협력하는 법을 가르치기 위해서는 부모가 먼저 협력함으로써 협력이 무엇을 의미하는지 행동으로 보여주는 것이 중요하다.

본 장에서 배울 내용

- 협력이란 함께 노력하는 것을 의미한다.
- 자녀는 지금 협력을 배우는 중이다. 학습에는 시간이 걸린다.
- 협력에는 인내와 격려가 요구된다.
- 부모와 자녀는 함께 대화함으로써 문제를 해결해나갈 수 있다.

협력이란 무엇인가?

부모들은 가끔 실제로는 복종을 요구하면서 **협력**(Cooperation)이라는 단어를 사용하는 경우가 있다.

세 살인 제나는 저녁식사 시간 중 딴짓을 한다. 제나가 노래를 부르자 아빠는 "제나야, 식사 중에는 노래를 부르지 마라."고 말한다. 제나는 식탁 밑에 있는 고양이에게 먹을것을 주고 언니의 토스트를 잡아챈다. 아빠는 "언니와 고양이를 괴롭히지 마라."고 말하지만 제나는 듣지 않고 계속 장난을 친다. 아빠가 "제나야, 밥 먹어!"라고 소리치지만 제나는 계속 아빠의 말을 무시한다. 아빠는 더이상 참을 수가 없어 제나에게 "얘야, 난 네가 협력해주었으면 해. 가만히 앉아서 식사만 하든지 아니면 각오해! 한 마디만 더해봐라! 그땐 안 참을 테니."라고 소리친다.

아빠는 말로는 협력을 원한다고 하지만 실제로는 제나가 복종하기를 원하고 있다. 잠시 동안은 소리지르고 윽박지르는 것이 자녀로 하여금 말을 듣게 하는 효과가 있겠지만 장기적으로는 역효과를 낳게 될 것이다. 아빠는 더 유용하고 효과적인 어떤 방법을 사용하는 것이 필요하다. 이를테면 제나가 가정에서 아빠나 다른 사람들과 협력하도록 돕는 방법을 가르치는 것이다.

협력은 부모가 무엇을 하도록 명령한 대로 자녀가 따르는 것이 아니라 함께 노력하는 것이다. 자녀가 협력하는 법을 배우도록 돕는 데는 여러 가지 방법이 있다.

어느 정도의 협력을 기대할 수 있을까?

자녀의 협력을 이끌어내려면 격려가 필요하다. 영아기, 걸음마기, 유아기의 자녀에게서 각각 어느 수준의 협력을 기대할 수 있을까? 자녀가 협력하는 법을 배우도록 도우려면 부모는 어떤 방법을 사용할 수 있을까?

부모들은 가끔 실제로는 '복종'을 요구하면서 '협력'이라는 표현을 사용한다.

1. 영아기

영아들은 탐험가이다. 이들은 모든 감각을 사용하여 배운다. 즉, 보고 듣고 냄새를 맡고 만지고 맛보는 등 오감을 통해 배운다. 영아는 기어다니면서 규칙이나 상식을 무시한 채 세상을 탐색한다. 어떤 의미에서 이들은 한계나 한도를 찾기 위해 탐색한다고 해도 과언이 아니다.

아기들은 자신이 우주의 중심이라고 생각한다. 이들은 타인의 욕구와 권리에 대해서는 알지 못하므로 부모는 아기가 자연스럽게 협력해 줄

영아들은 하려고 마음먹은 일은 반드시 한다.

것이라고 기대할 수 없다. 그러나 자녀와 함께 보내는 매순간이 어린 자녀에게 존중과 협력을 보여줄 수 있는 좋은 기회이기 때문에, 영아기는 협력을 가르치기 **시작하기**에 매우 적합한 시기이다.

엄마는 생후 8개월 된 호야에게 목욕을 시키고 있다. 엄마는 "넌 내가 부드러운 천으로 네 팔을 씻어주는 게 좋은가 보구나. 이제 네가 엄마 팔을 씻어봐. 나도 좋단다!"라고 말하면서 호야의 손으로 자신의 팔을 씻게끔 도와준다.

아빠는 생후 5개월 된 나라에게 우유를 먹이고 있다. 그런 다음 아빠는 나라를 아기 의자에 앉히면서 "너에게 우유를 먹였으니 이제 괜찮아졌지. 하지만 난 배가 고프단다. 너도 날 도와줄 수 있어. 내가 밥 먹을 동안 옆에서 놀아줘."라고 말한다.

호야와 나라가 그들 부모의 말을 이해할까? 부모의 부드러운 말이 이들을 협력하게 '만들까?' 그렇지 않다. 호야는 엄마의 귀걸이를 잡아당길 수 있고 나라는 소란을 피워 아빠의 식사를 방해할 수 있다. 이러한 행동이 '나쁘다'고 볼 수 있을까? 그렇지 않다. 아기들은 아직 그 행동이 나쁘다는 것을 알 만큼 성숙하지 않다. 이들의 행동은 자신의 욕구를 표현하는 것이다.

영아의 안전을 위해 어른이 한계를 설정해주어야 한다. 부모가 영아에게 한계를 정해줄 때 부모는 협력하는 법도 함께 가르친다.

만일 호야가 엄마의 귀걸이를 잡아당긴다면 엄마는 귀걸이를 빼내는 게 좋다. 그리고는 호야에게 "난 네가 엄마 귀를 아프게 하려는 것이 아님을 알아, 엄마도 원치 않거든! 이제 네가 엄마 팔을 씻겨줄 거지?"라고 말한다. 호야가 아직 그럴 준비가 되어 있지 않다 해도 엄마는 그것을 존중해야 한다. 엄마는 호야가 계속 목욕하도록 도와주며, 그 안에서 한계를 정해 지킴으로써 협력의 본보기를 보여준다.

2. 걸음마기

걸음마기 아이들은 탐색하는 것을 좋아하며, 자신의 행동이 가져오는 결과에 대해 알기 시작한다.

걸음마기 아이는 독립적 성향이 두드러지며 동시에 한계도 학습한다.

- "내가 뛰어다니면 아빠가 날 쫓아다녀."
- "내가 소리를 지르면 엄마는 움찔해."
- "내가 울면 아빠가 안아줘."

걸음마기에는 영아기보다 빨리 또 멀리까지 움직일 수 있지만 아직 자기통제 능력이나 위험을 감지하는 능력은 없다. 따라서 이 시기 아이의 안전을 위해 부모가 명확한 한계를 정해주어야 한다. 걸음마기에는 사회적 제한들을 배우기 시작한다. 아이들은 이제 어떤 행동이 괜찮고 어떤 행동은 옳지 않은지에 대한 부모의 말을 이해하기 시작한다.

이 시기의 자녀는 협력이 무엇을 의미하는지에 대한 기초적인 이해를 하고 있으나, 가끔은 완전히 비협조적 방법으로 행동한다. 걸음마기에 나타나는 비협조적 행동은 다음과 같다.

- 부모의 부탁대로 하기를 거부한다.
- 부모가 부탁하면 그 반대의 행동을 한다.
- 자주 큰 소리로 "싫어."라고 말한다.

걸음마기 자녀는 자신의 힘으로 통제할 수 있음을 배우게 되며, 그들은 다양한 방법으로 통제능력을 보여준다. 예를 들어 부모가 밥을 먹이려 하면 입을 다물어버리거나 옷을 입히려 하면 도망가버리는 등 다양한 방식으로 표현한다. 이러한 행동을 하는 아이들이 '나쁜' 아이들일까? 그렇지 않다. 이들은 보다 독립적이 되면서 해도 될 행동과 해서는 안 될 행동의 한계를 배우고 있는 것이다.

이 시기의 자녀가 협력하도록 격려하려면 어떻게 해야 할까? 부모는 자녀가 독립성과 자아존중감을 기르는 긍정적 활동을 하도록 안내함으로써 격려한다.

할아버지는 생후 2년 반 된 현성이가 개에게 거친 장난을 하고 있는 것을 발견하였다. 할아버지는 현성이에게 "나는 네가 개를 예뻐한다는 것을 알 수 있다. 개는 예뻐해주는 것을 좋아하지, 그렇지 않니? 너는 내가 개털 손질하는 것을 도와줄 수 있니? 그렇지, 이렇게 부드럽게 하는 거야, 세게 말고……."라고 말한다.

두 살 된 성미는 소리를 지르고 소란스럽게 뛰어다닌다. 엄마는 성미를 안아 올려 껴안으면서 "바깥에서는 달리고 소리질러도 되지만 아파트 안에서는 안 돼. 난 지금 설거지해야 하는데, 너도 엄마를 도와줄 수 있어. 그런 다음에는 공원에 가자."라고 말한다.

3. 유아기

걸음마기에는 정서의 지배를 받지만 학령전기 유아의 행동 중 일부에는 기초적인 이성이 발현되기 시작한다. 이 시기의 자녀는 걸음마기보다 자기통제 능력이 발달하고 원치 않는 **결과**를 피하기 위해 행동을 변화시킬 수 있는 능력을 어느 정도 갖추게 된다.

어떻게 하면 학령전기 자녀에게서 기대수준의 협력을 이끌어낼 수 있을까? 방법은 명확하고 간단한 규칙을 제시하고 규칙을 어기면 그 결과가 어떠하다는 것을 설명해주는 것이다. 처음 자녀는 부모의 기대를 잘 이해하지 못할 수도 있지만 자연스럽게 이해력이 발달하게 될 것이다.

유아기 자녀에게 완벽한 협력을 기대하는 것은 합리적이지 못하다. 부모가 기대할 수 있는 수준은 자녀가 협력하는 행동을 하기 **시작하는 것**이다. 유아기에 자신의 욕구와 원하는 것을 제일 우선으로 하는 것은 자연스러운 현상이지만 부모가 영아기에 협력하는 법을 보여주었다면 이 시기에 그 씨앗이 싹트는 모습을 볼 수 있을 것이다.

유아기 자녀는 협력하기 시작한다. 이때 격려해 주는 것이 중요하다.

협력하는 법을 가르치려면 어떻게 시작해야 할까?

부모와 자녀 사이의 문제는 피할 수가 없다. 자녀와의 사이에 문제가 생겼을 때는 어떻게 대처해야 할지 결정해야 한다. 우선 부모 스스로 자문해 보라. "이 문제는 누구에게 속하였는가, 나인가, 내 자녀인가", 즉, 누가 그 문제를 '소유' 하고 있는가?

1. 누가 문제의 소유자인지 결정하라

문제의 소유자를 결정하기 위해서 다음의 4가지 질문을 자문해 보자.

1. 나의 권리가 무시되고 있는가?
2. 누군가 다칠 우려가 있는가?
3. 누군가의 소유물에 손해를 입힐 수 있는가?
4. 자녀가 너무 어려서 이 문제에 대한 책임을 질 수 없는가?

- 이상의 질문들에 하나라도 '예' 라는 답이 나온다면 문제의 소유자는 부모 자신이다.
- 이상의 모든 질문에 대해 답이 '아니오' 라면 문제의 소유자는 자녀이다.

자녀가 영아나 걸음마기 초반일 때는 부모들이 대부분의 문제를 소유한다. 그러나 자녀가 점점 성장해감에 따라 어떤 문제들은 자녀가 소유하기 시작한다.

생후 9개월 된 아이의 기저귀가 젖었다면 이것은 자녀의 건강상 안전과 관련된 부모의 문제이다.

여섯 살짜리 아이가 바지에 소변을 누는 실수를 저질렀다. 하지만 이 아이가 대소변을 조절할 신체적인 문제가 있는 것은 아니다. 따라서 아이는 스스로 책임지는 법을 배우기 위해 자기 혼자 옷을 갈아입고 청결해질 필요가 있다.

한 살인 아이가 배가 고파 울고 있다면 이것은 부모의 문제이다.

다섯 살 된 아이가 점심을 먹지 않는다. 한 시간이 지나자 배가 고프다고 투정을 부린다. 이것은 아이의 문제이다.

1) 부모가 소유자인 문제의 예

네 살인 자영이는 아침이면 혼자 옷 입기를 거부하고 아침밥을 빈둥거리면서 먹곤 한다. 그래서 엄마는 아침마다 자영이를 보육교사에게 데려다주는 데 힘이 든다. 엄마는 직장의 출근시간에도 자주 늦는다.

아빠는 낮잠 자는 아기를 깨우러 갔다가 세 살인 수진이가 아기를 손으로 찌르고 아기의 머리카락을 잡아당기는 것을 본다. 두 살인 정현이는 주방 벽에 색칠을 한다.

2) 자녀가 소유자인 문제의 예

세 살인 준서는 고양이를 매우 좋아한다. 하지만 고양이는 준서가 다가갈 때마다 도망을 가서 준서는 울음을 터뜨린다.

여섯 살인 지아는 지루해져서 거실을 기웃거린다. 아빠는 책을 읽고 있다. 지아는 애처로운 목소리로 “난 할 일이 없어요. 나랑 놀아 줄래요?”라고 묻는다.

문희와 친구 상민이가 놀이하고 있다. 엄마는 벽을 통해 울음소리를 듣고 놀라서 그 방으로 달려갔다. 문희는 자기 장난감들 사이에 앉아 훌쩍거리고 있고 상민이는 조금 떨어져 앉아 문희가 가장 좋아하는 토끼인형을 갖고 놀고 있다. 문희는 엄마에게 울면서 “토끼, 내 토끼 줘요.”라고 말한다.

2. 영아기는 어떤가?

자녀가 어릴수록 부모의 양육과 보호에 의존한다. 자녀 스스로는 거의 아무 것도 할 수 없으므로 자녀의 욕구를 충족시키는 일은 부모가 해결해야 할 문제이다.

그러나 자녀의 신뢰감 형성을 돕기 위해 중요한 것은 아기 스스로 할 수 있는 것은 직접 경험해 보도록 기회를 주는 것이다.

자녀가 영아기나 걸음마기 초반일 때에는 부모가 대부분의 문제를 소유한다.

생후 6개월 된 수지는 딸랑이를 만지려 하지만 손이 닿지 않는다. 수지가 힘을 다해 애쓰는 걸 보면서도 엄마는 딸랑이를 갖다주지 않고 대신 수지가 스스로 딸랑이까지 가도록 격려해 준다.

생후 3개월 된 조민이가 배고파 울자 아빠는 조민이에게 우유를 먹여준다. 나중에 낮잠 잘 시간에 조민이는 아기침대에서 뒤척인다. 아빠는 아이에게 스스로 위안을 찾아볼 시간을 주기 위해 바로 아이에게 가지 않고 몇 분 동안 뜸을 들인다.

어떻게 하면 문제해결에 영유아의 협력을 이끌어낼 수 있을까?

문제의 소유자를 결정하는 과정에서 부모는 일어날 일을 예상해 보고 다음에 어떠한 행동을 취해야 할지 정할 수 있다. 부모가 문제의 소유자라면 부모 자신이 행동을 취해야 하며, 자녀가 문제의 소유자라면 자녀가 그것을 다루도록 맡기거나 그 문제를 해결하도록 도울 수 있다.

자녀는 자신이 원하는 바를 부모가 소중히 여겨준다고 느낄 때 더 협력한다.

우리는 이미 문제가 있을 때 대처하는 방법을 여러 가지 배웠다.

- 자녀의 문제행동을 무시한다.
- 반영적 경청 기술을 사용한다.
- 나-전달법을 사용한다.
- 자녀가 선택을 하고 그 가능한 결과를 예상할 수 있도록 돕는다.

부모의 목표는 문제를 부모 자신과 자녀를 존중하는 방식으로 해결하는 것이다. 자녀는 부모가 자신의 감정과 원하는 바를 소중히 여긴다고 생각할 때보다 협력적이 될 것이다. 부모가 어떻게 할 것인지는 다음의 3가지 요인에 달려 있다.

- 자녀의 연령
- 문제의 유형
- 문제의 발생빈도

1. 단순화하라

부모는 자녀에게 간단한 선택권을 제시할 수 있다.

- "네가 미주네 집에 놀러가고 싶다면, 먼저 네 장난감을 치울 필요가 있다."
- "너희 둘이서 이 문제를 공정하게 해결하든지, 아니면 같이 놀이할 수 없을 것 같구나."

부모는 자녀가 자신의 문제 중 어느 정도는 스스로 해결하는 법을 배우길 원한다. 부모는 자녀를 격려할 방법을 찾아보고 자녀가 문제해결을 위한 새로운 기술과 행동을 배우도록 도와준다.

생후 2년 반 된 민철이는 부모가 자신을 두고 외출하는 것을 싫어한다. 부모는 민철이의 감정을 알기 때문에 나가기 전 몇 분간 민철이에게 동화책을 읽어주겠다고 말한다. 그래도 민철이는 만족하지 않고 소리를 지르면서 부모를 때린다. 부모는 "우리가 외출해서 네가 정말 화났구나. 우리는 먼저 너와 책을 보고 싶지만 네가 고함지르는 것을 그치지 않으면 이야기를 읽어줄 수가 없어. 만일 네가 고함을 멈추지 않으면 우리는 네게 책 읽어줄 시간을 갖지 못한다."라고 말한다.

세 살인 바람이와 엄마는 동물원에 놀러갔다. 사자가 크게 울부짖자 바람이는 엄마 뒤에 숨는다. 엄마는 "사자가 저렇게 으르렁거리면 정말 무섭지. 어떻게 하는

게 덜 무서울 것 같니?"라고 말한다. 바람이는 손을 꽉 잡자고 제안한다. 둘은 바람이의 말대로 해본다. 잠시 후 바람이는 긴장이 조금 풀린다. 엄마는 "네 생각이 효과가 있구나. 지금은 좋아 보이네."라고 말한다.

때때로 부모는 결과를 통해 협력하는 법을 가르칠 것이다.

부모가 생후 16개월 된 선재를 안아올렸더니 아이가 부모의 안경을 건드려 떨어뜨린다. 부모는 조심스럽게 안경을 다시 끼고는 "네가 내 안경을 건드려 떨어뜨리면 안경이 부러질까봐 걱정이 된다."라고 말한다.

몇 분 후 아이는 또 다시 안경을 건드려 떨어뜨린다. 부모는 선재를 조심스럽게 바닥에 내려놓고 "네가 내 안경을 잡아채도록 내버려둘 수가 없구나. 그래서 널 내려놓겠다."라고 말한다.

나중에 선재는 또 다시 안아올려달라고 한다. 부모는 다시 기회를 주면서 "다시 내 무릎에 앉고 싶니? 좋아. 하지만 네가 내 안경을 잡아채면 널 내려놓겠다."라고 말한다.

위의 예에서 부모는 나-전달법을 사용하여 결과를 설명하고 그대로 행동에 옮겼다. 선재는 아직 어려서 자신의 행동을 통제할 정도로 많은 경험을 하지 못했기 때문에 또다시 안경을 잡아 떨어뜨릴 것이다. 그때마다 부모가 아이를 내려놓으면 아이는 왜 그런지 이유를 깨닫게 될 것이다.

2. 필요한 한계를 정하라

자녀에게 한계를 존중하지 않으면 어떤 결과가 따르는지 알려주어야 한다.

유아기 자녀 중에는 자신이 원할 때마다 부모가 관심을 보여주기를 집요하게 요구하는 아이도 있다. 이때 부모가 그 요구에 끝이 없을 것 같다고 느끼는 상황이라면 한계를 가르치는 것이 중요하다. 자녀를 존중하는 태도를 유지하면서 한계를 설명해준다. "누군가가 나와 얘기하러 오면 난 너와 놀아줄 수 없어. 네가 필요하다면 간단한 질문은 해도 돼. 하지만 내 친구가 있는 동안은 너와 시간을 보내지 않을 거야."

자녀에게는 "내가 친구와 얘기하는 동안 네가 방해한다면 널 네 방에 보내겠다."와 같이 한계를 지키지 않으면 무슨 일이 일어날지 알려주어야 한다. 또한 자녀에게 부모가 말한 대로 실행에 옮길 것임을 확신시켜 주어야 한다.

형제자매 간의 질투에도 한계를 설정해야 할 경우가 자주 있다. 영아기, 걸음마기, 취학전 시기의 질투는 한 아이가 다른 아이를 다치게 하는 위험한 결과를 초래할 수 있기 때문에, 부모는 이러한 위험으로부터 자녀를 보호해야 한다. 따라서 "우리는 사람을 때리지 않아. 그것은 위험하니까. 만일 네가 때리면 넌 동생과 함께 이 방에 있을 수 없어."와 같이 손위아이가 작은 아이에게 손찌검을 하면 용납하지 않겠다는 점을 분명히 일러두어야 한다.

손위아이에게는 가능한 한 자주 격려를 해주고 동시에 매일 얼마간의 시간을 내어 손위아이와 단 둘이서 함께 보낸다. 이 시간만큼은 전적으로 그 아이에게만 부모의 관심을 쏟는 특별한 시간이 되도록 한다.

3. 대안을 탐색하라

문제를 해결하는 또 다른 방법은 자녀와 그 문제에 대해 대화하는 것이다. 부모가 시간을 갖고 자녀의 말을 귀담아 듣고 대화를 해서 문제해결 방안에 합의를 이끌어내는 방식을 **대안 탐색**(exploring alternatives)이라 한다.

1) 대화를 통한 문제해결 : 대안탐색의 5단계

1. **문제를 정확히 이해한다 :** 부모와 자녀 모두 문제를 정확히 인식하도록 한다. 부모는 반영적 경청을 사용하여 자신이 제대로 이해했는지 질문을 한다. 문제는 명확하고 존중하는 태도로 설명한다. 그리고 나-전달법을 사용하여 부모 자신의 느낌을 표현한다.
2. **브레인스토밍으로 여러 가지 대안을 찾아본다 :** 여러 가지 아이디

어를 내기 위해 자녀에게 해결책을 물어본다. 그 다음에 부모 자신의 생각도 내놓는다. 부모가 "만약 네가 ____________다면 어떤 일이 일어날까?"라고 물어보면 도움이 될 것이다. 제안된 모든 아이디어의 목록을 작성한다.

이러한 아이디어들을 대안(alternatives)이라 한다. 이 단계에서는 열린 마음을 갖고 제안된 아이디어에 대해서는 섣불리 판단하지 않도록 유의한다.

3. **여러 해결책을 놓고 토의한다 :** 이제 제안된 여러 가지 아이디어에 대해 자유롭게 자신의 의견을 밝힌다. 먼저 자녀가 각 아이디어에 대해 어떻게 생각하는가? 그리고 부모는 어떻게 생각하는가?
4. **하나의 해결책을 선택한다 :** 부모와 자녀가 모두 받아들일 수 있는 아이디어 하나를 선택한다.
5. **선택한 해결책을 실천한다 :** 결정된 해결책을 시험해보기로 합의한다. 함께 어느 정도의 기간이면 아이디어를 충분히 시험할 수 있을지 의논하여 아이디어 실천 기간을 정한다. 또 아이디어가 효과가 있는지 재논의할 시기를 정한다.

어린아이와의 대안탐색은 가능한 한 간단하고 짧게 하라.

자신의 이름을 쓸 줄 아는 아이는 합의서를 쓰자고 하면 좋아할 것이나 그렇지 않다면 그냥 대화로 합의한다.

2) 대안탐색 : 5가지 예

아주 어린 자녀에게는 대안탐색을 될 수 있는 한 간단하고 짧게 하는 것이 좋다.

생후 18개월 된 한나는 옷장 위의 곰인형을 갖고 싶지만 손이 닿지 않는다. 아빠는 "네 의자를 옷장까지 밀어놓고 그 위에 올라가면 어떨까? 그러면 손이 닿지 않을까?"라고 말한다. 한나는 의자를 옮겨다 곰인형을 내리는 데 성공한다. 아빠는 "한나야, 네가 이 일을 해냈구나. 넌 곰인형을 옷장에서 내리는 법을 배웠어."라고 말해 준다.

세 살인 가람이는 수방에서 인형들을 갖고 놀고 있다. 저녁 차릴 시간이 되어 부모는 가람이에게 "네 아기들이 여기 이렇게 있으면 우리는 저녁 식사를 차릴 수가 없어. 어떻게 해야 하지?"라고 말한다. 가람이는 "하지만 아기들은 자고 있어요. 낮잠 잘 시간이거든요."라고 말한다. 아빠는 "내 생각엔 아기가 조용한 곳에서 더 잠이 잘 들 것 같은데."라고 한 가지 아이디어를 제안한다. 가람이는 "난 그런 데를 알고 있어요."라고 말하고 인형들을 거실 소파 뒤로 옮기기 시작한다. 엄마와 아빠는 저녁식사를 준비한다.

다섯 살인 건희는 옆집에서 놀고 있다가 친구들이 집에 가라고 해서 울면서 돌아왔다. 아빠는 건희에게 어떤 일이 벌어졌으며, 그리고 그의 감정에 대해 이야기하는 것을 들어준다. 그런 다음 둘은 이 문제에 어떻게 대처할지 토의한다. 건희는 "그 애들 집에 돌멩이를 던질 수 있어요! 아니면 온종일 혼자서 집안에 있을래요."라고 제안한다. 아빠는 "만일 네가 그 아이들 집에 돌멩이를 던지면 그 다음에 어떤 일이 생길까? 네 기분은 어떨까? 만일 네가 온종일 집안에 있으면 무엇을 할 거니? 네 기분은 어떨까?"라고 말하면서 각각의 아이디어에 대해 그 결과를 건희가 생각해 보도록 돕는다.

아빠는 건희가 할 수 있는 행동의 결과에 대해 생각해 보도록 유도했다. 이렇게 하면 할수록 건희는 아이디어를 선택하는 데 능숙해질 것이다.

네 살인 수희는 엄마가 전화통화를 하고 있는데 방해를 한다. 엄마는 "난 방해를 받으면 혼란스러움을 느낀다. 왜냐하면 한꺼번에 두 사람에게 얘기할 수 없으니까. 그 대신 네가 내 관심을 원한다면 무엇을 할 수 있을까?"라고 말한다.

엄마와 수희는 다음의 3가지 아이디어를 내놓는다.

- 엄마는 전화를 걸기 전에 수희에게 혹시 필요한 것이 있는지 물을 수 있다.
- 엄마는 수희에게 전화통화 시간이 얼마나 걸릴지 말해 줄 수 있다. 그러면 수희는 전화통화가 끝날 때까지 참을성 있게 기다릴 수 있

격려 STEP

문제행동에 잘 대처하는 것은 도전이기도 하지만, 자녀를 새로운 시각으로 볼 수 있는 기회도 될 수 있다.

자녀의 행동에 숨어 있는 '반대쪽 면을 볼 수 있는 방법을 찾아본다. 다음은 이를 위한 몇 가지 방안이다.

- 아이가 대장짓하는 것으로 보이는 것은 스스로 확신이 있기 때문일 수도 있다.
- 아이가 수줍어하는 것으로 보이는 것은 사려가 깊기 때문일 수도 있다.

어떤 상황에서 유머를 이끌어내는 것도 좋은 방법이 될 수 있다.

- 새벽 5시에 젖을 달라고 우는 아이는 '자명종보다 낫다'
- 잠시도 쉬지 않고 움직여서 부모가 쫓아다녀야 하는 아이는 부모의 '개인 체력단련사'라고 볼 수 있다.

고, 그런 다음 엄마는 수희의 말에만 관심을 쏟을 수 있다.

- 수희가 엄마에게 뭔가 말해야 할 것이 있으면 그것을 그림으로 그릴 수 있다.

엄마는 딸과 함께 대안탐색을 시작한다. 네 살 된 아이는 자신의 아이디어가 중요하게 여겨진다고 느끼면 많은 아이디어를 생각해 낼 수 있다. 일단 한 가지 아이디어를 선택하여 사용해 보고, 아이디어를 실행해 본 후에도 문제가 계속된다면 다른 방안이 필요하므로, 엄마와 수희는 다른 대안을 탐색해야 한다. 아울러 그들은 수희가 잘못된 행동을 계속한다면 어떠한 결과가 따를지 분명하게 대화할 필요가 있다.

다섯 살인 동수는 8시 취침 시간을 받아들이지 않는다. 아빠는 문제를 대화로 해결하기 위해 5단계의 대안 탐색기술을 사용한다.

1. 문제를 정확히 이해한다.

아빠 : "동수야, 취침시간이 큰 문제가 되었구나. 네가 자꾸 방 밖으로 나오면 엄마와 나는 짜증이 난다. 왜냐하면 엄마와 내가 단 둘이 함께 보낼 시간을 가질 수 없으니까. 넌 어떻게 생각하니?"

동수 : "난 혼자 있는 게 싫어요. 아빠 엄마와 같이 있고 싶어요."

아빠 : "그럼 네가 외로운 거구나. 넌 여기에서 우리와 함께 있는 것을 더 좋아하지, 응?"

2. 브레인스토밍으로 여러 가지 대안을 찾아본다.

아빠 : "우리 함께 이 문제를 해결할 여러 방법들을 생각해 보자."

이들은 다음의 여러 가지 아이디어를 내놓았다.

- 동수는 취침시간 전에 보다 많은 시간을 부모와 함께 보낸다.
- 일주일에 하루는 동수가 취침시간보다 늦게 자도록 허락해준다.
- 동수 자신이 원하는 한 늦게까지 깨어 있어도 된다.
- 동수에게 잠들 때까지 잠자리에서 테이프를 들을 수 있게 허락해준다.

3. 여러 해결책을 놓고 토의한다.

아빠 : "자, 이제 아이디어 목록을 보고 우리 둘 다 공정하다고 생각하는 아이디어를 찾아보자."

4. 하나의 해결책을 선택한다.

대안탐색은 가족이 함께 문제를 해결하는 데 도움이 된다.

동수 : "난 밤 늦게까지 자지 않을래요."

아빠 : "하지만 그러면 네게 필요한 잠을 충분히 못 잘 것 같아 걱정이다. 대신 다른 어떤 게 효과적일까?"

동수 : "그럼, 테이프 들어도 돼요?"

아빠 : "좋아. 그 아이디어를 실행해 보자. 합의서를 쓰자."

5. 선택한 해결책을 실천한다.

두 사람은 함께 합의서를 작성한다.

아빠와 동수의 합의서

1. 동수는 8시에 취침한다. 동수는 동화 테이프를 튼다. 불은 끈 채 침대에서 테이프를 듣기로 한다. 동수는 취침시간 이후에는 화장실 갈 때를 제외하고 자기 방을 떠나지 않는다.
2. 동수의 취침시간 이전에 엄마와 아빠는 동수와 15분간 함께 보낸다. 두 사람은 이야기를 읽어주거나 게임을 하기로 한다. 만약 동수가 8시 이후에 자기 방을 떠나면 그 다음날 밤에는 엄마 아빠와 함께 보내는 특별시간은 취소되는 것으로 한다.

서명 : 아빠 동수

아빠 : "이 합의서의 기한을 사흘 밤으로 할까? 그러고 나서 그것이 얼마나 효과가 있는지 다시 토의하자."

며칠 후에도 이 문제가 해결되지 않으면 어떻게 할까? 아빠와 동수는 다른 해결책을 찾아볼 수 있다. 엄마와 아빠가 낮에는 동수와 보낼 시간이 별로 없다면 밤에 차례로 아이와 더 많은 시간을 보낼 필요가 있다. 아마도 동수가 자기 방 안의 무엇인가를 두려워한다면 엄마와 아빠는 그것을 알아내기 위해 반영적 경청을 사용할 수 있다. 동수와 부모는 원점부터 다시 대안을 탐색할 수도 있다. 시간이 지나면 이런 방법으로 협력해본 경험이 이 가족이 문제를 해결해나가는 데 도움이 될 것이다.

4. 가족회의를 운영하라

어린 자녀가 협력하는 법을 배우도록 돕는 또 다른 좋은 방법은 정기적으로 가족회의를 하는 것인데, 가족회의는 문제해결에만 쓸모가 있는 것은 아니다. 부모와 어린 자녀가 짧은 시간의 가족회의를 함으로써 거두는 효과는 다음과 같다.

- 함께 좋은 감정을 나눌 수 있다.
- 함께 즐거운 시간을 보낼 수 있다.
- 가족문제에 대해 결정을 할 수 있다.
- 서로 격려할 수 있다.
- 문제에 관해 말할 수 있다.

가족회의는 1주에 1회 이상 짧은 시간 동안 개최하는 것이 좋다.

가족회의는 가족구성원 모두를 위한 것이다. 조부모가 같이 산다면 이들도 가족회의에 참석해야 한다. 조부모는 가족회의에서 다른 가족구성원들이, 자신의 감정을 다른 구성원들과 공유하며 문제를 해결하고 가족의사를 결정하며 재미있는 가족활동을 계획하는 데 도움을 줄 수 있다.

그러나 할아버지 할머니는 자녀문제에서 주도권을 가져서는 안 되며 자녀의 훈육이나 최종결정도 조부모의 몫이 아니다. 자녀양육은 부모의 몫이다. 만약 이 문제로 조부모와의 사이에 갈등이 생긴다면 반영적 경청과 대안탐색 기술을 사용하여 조부모와 대화를 하라. 부모는 온정적이지만 단호한 태도로 부모역할의 책임에 대해 말한다. "라희가 서로 다른 2가지의 규칙을 들으면 혼란스러워할 겁니다. 제가 라희의 부모이니까 제가 규칙을 정해야 합니다." 이와 같이 부모가 자녀 양육의 주도권을 가져야 한다는 것을 확실히 밝힌다.

어린 자녀는 가족회의에서 어느 정도의 역할을 할 수 있을까? 아이의 연령에 따라 다르다.

자녀가 영아라면 그냥 참석만 하게 한다 : 영아는 그냥 가족회의 자리에 있는 것만으로 참석하게 된다. 이것은 영아가 가족회의의 개념에 친숙해지는 데 도움이 될 것이다.

자녀가 걸음마기와 학령전기라면 짧은 회의를 감당할 수 있다 : 가족회의의 시간을 짧게 하고 자주 여는 것이 좋다. 또 각각의 가족회의는 하나의 문제와 하나의 간단한 결정에만 초점을 맞추는 것이 좋다.

태진이는 여섯 살이고, 동생 태식이는 네 살이다. 가족회의에서 아이들과 부모는 목욕시간에 대해 토의했다. 태진이와 태식이는 저녁식사 전에 목욕하는 것을 싫다고 말했다. 가족은 대신 목욕시간을 취침시간 전으로 바꿔보기로 결정했다. 다음에 아이들은 목욕순서를 교대로 하길 원했다. 취침시간 직전에 엄마는 "곧 목욕시간이다. 태진아, 우리는 오늘밤엔 너부터 목욕하기로 합의했지. 내일은 태식이가 먼저 목욕할 거야. 아빠가 10분 후면 너의 목욕물을 받아놓으실 거야."라고 말했다.

유아기 자녀나 그보다 큰 자녀의 경우에는 가족회의를 좀 더 공식적으로 운영할 수 있다. 그러나 가족회의는 계속 짧고 간단하게 하는 것이 좋고 회의는 정기적으로 여는 것이 중요하다. 이렇게 하면 자녀는 오랜 기간에 걸쳐 약속 지키는 것을 배울 수 있다.

가족회의를 위해 계획하기

1. 그간 있었던 좋은 일들을 서로 이야기한다.
2. '지난 안건', 즉 지난 회의에서 있었던 일에 대해 대화한다.
3. '새로운 안건'에 대해 대화한다. 가족구성원들이 함께 즐길 수 있는 활동이 될 것이다.
4. 토의 내용과 합의된 사항을 요약한다.

5. 장기적인 시각을 가져라

자녀는 오랜 기간에 걸쳐 서서히 협력하는 법을 배워나가고 있으며 부모 역시 새로운 기술을 배우는 것임을 기억하라. 자녀와 부모 자신에게 인내심을 가지는 것이 중요하다. 동시에 부모가 자녀에게 모범을 보이고 실천해 나가면 존중과 협력을 가르치는 바람직한 관계를 만들 수 있다.

금주의 할 일

문제가 발생하면 문제의 소유자가 누구인지 결정한다. 이제까지 습득한 기술을 사용하여 자녀가 협력하고 문제를 해결하도록 돕는다.

기억해야 할 핵심 사항

1. 협력이란 함께 노력하는 것을 의미한다.

2. 자녀는 오랜 시간에 걸쳐 점진적으로 협력하는 법을 배워나간다.

3. 영아가 협력하지 않는 것은 자연스러운 현상이다. 그러나 영아는 협력하는 법에 대해 배우기 시작할 수는 있다.

4. 걸음마기 아이는 아직 자아통제력을 가지고 있지 않다. 그들은 어떤 행동이 옳고 어떤 행동이 옳지 않은지에 대한 부모의 메시지를 이해하기 **시작**한다.

5. 유아기 자녀는 어느 정도의 자기통제 능력이 있다. 이들은 처음에는 부모의 기대를 잘 이해하지 못할 수도 있지만 자연스럽게 이해력이 발달하게 될 것이다.

6. 누가 문제의 소유자인지 결정하기 위해 스스로에게 다음의 4가지 질문을 한다.
   - 나의 권리가 무시되고 있는가?
   - 누군가 다칠 우려가 있는가?
   - 누군가의 소유물에 손해를 입힐 수 있는가?
   - 자녀가 너무 어려서 이 문제에 대한 책임을 질 수 없는가?

이상의 질문들에 **하나라도** '예'라는 답이 나온다면 문제의 소유자는 부모 자신이다.

모든 질문에 대해 답이 '아니오'라면 문제의 소유자는 자녀이다.

7. 영아기와 걸음마기 초반의 자녀에 대해서는 부모가 대부분의 문제를 소유한다.

8. 문제가 있을 때에는 문제행동을 무시하는 방법, 반영적 경청 기술을 사용하는 방법, 나-전달법을 사용하는 방법, 선택권을 주는 방법, 한계를 정하는 방법 또는 대안 탐색을 통해 해결하는 방법 중 선택할 수 있다.

9. 대안을 탐색할 때는 다음의 5단계를 따른다.
   1. 문제를 정확히 이해한다.
   2. 브레인스토밍으로 여러 가지 대안을 찾아본다.
   3. 여러 해결책을 놓고 토의한다.
   4. 하나의 해결책을 선택한다.
   5. 선택한 해결책을 실천한다.

10. 정기적인 가족회의로 가족의 협력을 다질 수 있다. 어린 자녀가 있으면 가족회의 시간을 짧게 하는 것이 좋다.

자신을 위해 이렇게 해 봅시다

성인들 간의 문제 해결하기

가끔 우리는 다른 어른들과 갈등을 겪을 수 있다. 이때에도 대안탐색을 사용할 수 있다. 다음의 단계를 따라해보자.

1. 문제를 정확히 이해한다.
2. 브레인스토밍으로 여러 가지 대안을 찾아본다.
3. 여러 해결책을 놓고 토의한다.
4. 하나의 해결책을 선택한다.
5. 선택한 해결책을 실천한다. 이 해결책이 효과가 있는지 재논의할 시기를 정한다.

이때에는 다음의 아이디어를 명심하여 지키도록 한다.

- **존중하는 태도를 유지하라 :** 맞서 싸우거나 양보하지 마라. 반영적 경청과 나-전달법을 사용하라.

- **문제의 본질에 관해 대화하라 :** 갈등상황에서는 감정이 앞서 문제의 본질을 놓칠 수 있다. 그 결과 누가 옳은가 또는 무엇이 공평한가의 문제로 시간을 소비하는 경우가 많다. 이때 당신은 "우리 둘 다 누가 옳은지 입증하려고 애쓰고 있는 것 같아요. 그게 문제해결에 무슨 도움이 될지 모르겠어요."라고 말할 수 있다.

- **싸우지 않기로 합의하라 :** 갈등은 양측이 싸우기로 합의했을 때 발생한다. 자신의 태도를 변화시킴으로써 이 합의를 바꿔라. 기꺼이 타협할 수 있는 마음의 자세를 가져라.

- **상대방이 의사결정 과정에 참여하도록 유도하라 :** 합의는 사람들이 문제해결을 위해 함께 노력할 때 이루어진다. 그러나 만약 합의가 이루어지지 않는다면 어떻게 해야 할까? "우리가 대화로 문제를 해결할 수 없다면, 나는 ~하게 행동하려고 합니다."라고 말하는 것이 좋을 것이다.

또 다른 성인과의 사이에 문제가 있을 때 어떻게 대안을 탐색할지, 어떻게 토의를 시작할 것인지 생각해 본다. 함께 문제해결을 위해 협력하도록 노력하라.

<표 5>

누가 문제의 소유자인가?

발달 시기	문제	문제의 소유자	가능한 해결책
영아기	대개 부모가 문제의 소유자라고 가정하는 것이 옳다. 아기가 우는 것은 배가 고프거나, 기저귀가 젖어 있거나, 피곤하거나, 아픈 것을 뜻한다.		
걸음마기	자녀는 과자가 먹고 싶은데, 부모가 안 된다고 말하자 아이가 떼를 쓴다.	자녀	1. 반영적 경청을 사용하라 : "나는 네가 과자를 먹지 못한 것에 대해 매우 화가 났다는 것을 안다" 2. 선택권을 제시하라 : "바나나나 사과를 먹을 수 있어." 3. 자녀가 계속 떼를 쓸 때에는 떼쓰는 행동을 무시하라.
	차에서 자녀가 유아용 카시트의 안전벨트를 하지 않으려 한다.	부모	자녀는 안전을 위해 안전벨트를 해야 한다 : "넌 안전벨트를 싫어하는구나. 하지만 안전을 위해 넌 벨트를 해야 해."
유아기	두 아이가 장난감을 두고 싸운다.	아이들	1. 대안탐색을 하도록 도우라 : "너희 둘 다 그 장난감을 가지고 놀고 싶어하는구나. 너희들은 장난감을 함께 잘 가지고 노는 방법을 생각할 수 있을 거야." 2. 이들이 협력하지는 않지만 때리는 행동을 하지 않을 때에는 자기들끼리 해결하도록 내버려 둔다. 3. 만일 아이들끼리 때리거나 방해가 될 정도로 심하게 다툰다면 둘을 떼어놓거나 한 아이를 집으로 돌려보낸다.
	아이가 주스를 엎지른다.	자녀	자녀 스스로 엎지른 것을 치우도록 한다. 필요한 경우에는 치우는 것을 돕는다.
	자녀가 병원에 가지 않으려 한다.	부모	부모는 선택권을 준다 : "네가 병원에 네 발로 걸어서 가든지 아니면 내가 데려갈 수 있다. 네가 결정해."

Chapter 6

영유아 훈육하기

우리는 앞에서 자녀의 협동심과 책임감을 기르도록 돕는 여러 가지 방법을 살펴보았다. 예를 들어 부모는 긍정적이고 현실적인 기대수준을 설정함으로써 자녀의 협동심을 키울 수 있고, 자녀를 존중하고 격려해 줌으로써 자녀의 소속감과 책임감을 키울 수 있다. 또 부모는 반영적 경청과 나-전달법을 사용하여 감정과 문제에 대해 대화하도록 도울 수 있다. 이상의 모든 방법이 효과적인 자녀훈육방법이 될 수 있다.

본 장에서 배울 내용

- 훈육과 처벌은 같은 것이 아니다.
- 훈육의 목적은 자녀에게 자율을 가르치는 데 있다.
- 자녀에게 일정한 한계 내에서 선택권을 줄 수 있다.
- 자녀를 존중하면서 일관성 있게 훈육할 수 있다.

훈육과 처벌은 같은 것인가?

훈육(discipline)과 **처벌**(punishment)이 같은 것이라고 생각하는 사람들이 있으나 훈육과 처벌은 같지 않다. 우리들 중 많은 사람이 우리의 행동을 통제하기 위해 보상과 처벌을 사용하는 부모 슬하에서 자랐다. chapter 1에서 우리는 자녀가 보상과 처벌을 받을 때 어떤 것을 배우게 되는지 살펴보았다.

- 보상은 자녀에게 협력이 아니라 대가를 획득하는 법을 가르친다.
- 처벌은 자녀가 부모를 원망하거나 두려워하게 만든다. 또한 자녀의

자존심을 저하시키며 부모와 자녀의 바람직한 관계를 해친다.

1. 처벌이란 무엇인가?

처벌의 종류는 다양하다.

위협하기, 소리지르기와 억누르기 : 위협은 실제로 행동으로 옮겨질 때도 있고 그렇지 않을 때도 있으므로 일관적이지 못하다. 소리지르기는 대개 사태를 악화시키고 자녀는 오직 부모가 소리지를 **때만 오직** 말을 듣는 경향을 보일 수 있다. 억누르기 역시 효과적인 방법이 되지 못한다.

훈육과 처벌은 같은 것이 아니다.

특권을 일시적으로 빼앗기 : 부모들은 처벌로 자녀의 특권을 정지시킬 때가 많다. 그러나 대부분의 경우 빼앗긴 특권과 자녀의 잘못과는 아무런 관계가 없다. 이 경우 자녀는 아무것도 배울 수 없다.

엉덩이 때리기와 체벌 : 엉덩이 때리기는 자녀에게 문제해결 방법으로 때려도 된다는 생각을 갖게 한다. 또한 맞으면 아프기 때문에 자녀는 겁을 먹게 된다. 부모는 자신의 화풀이로 자녀를 체벌하고 후에 죄책감을 느끼는 경우가 많으며, 때리는 행동은 자녀에게 너도 크면 때려서 네가 원하는 것을 얻을 수 있다고 가르친다.

2. 훈육이란 무엇인가?

훈육은 일회성의 말이나 행동이 아니라 일련의 과정이다. 훈육하는 **방법**을 배우고 실천한 다음, 훈육의 **결과**에서 다시 배우는 2가지 과정에는 긴 시간이 걸린다.

훈육의 목표는 자녀에게 **자기 통제력 또는 자기 훈육**(self-discipline)

을 가르치는 데 있으며 책임감이 있고 협력하도록 지도하는 데 있다. 자녀의 잘못된 행동에 대해 부모는 훈육함으로써, 자녀가 소속되기 위해서는 보다 좋은 방법을 선택하도록 도울 수 있다.

아이를 어떻게 훈육할 수 있을까?

아이는 존중과 긍정적인 기대에 대해 반응을 한다. 자녀를 훈육하는 데 도움이 되는 긍정적이고도 존중에 바탕을 둔 10가지 기본 훈육법을 들면 다음과 같다.

- 자녀의 주의를 다른 데로 돌린다(Distract).
- 자녀의 잘못된 행동을 무시한다(Ignore).
- 환경을 구조화한다(Structure).
- 자녀가 아니라 상황을 통제한다(Control).
- 자녀를 참여시킨다(Involve).
- 다정하게 보낼 시간을 계획한다(Plan).
- 자녀에게 부과된 한계를 늦추어준다(Let).
- 일관성을 유지한다(Increase).
- 자녀의 긍정적인 행동을 찾아 인정해준다(Notice).
- 처벌 아닌 타임아웃을 사용한다(Excuse).

부모에 따라 효율적인 훈육방법은 달라질 수 있다. 훈육방식을 선택할 때에는 자녀의 연령과 발달단계를 고려하는 것이 중요하다. 효율적인 훈육방법을 위한 또 다른 중요한 요소는 그 방법이 효과가 있을 것이라는 '**부모 자신의 믿음**' 이다.

1. 자녀의 주의를 다른 데로 돌린다

생후 13개월 된 지희는 방구석에 있는 화병으로 돌진한다. 엄마는 단호하게 "지희야" 하고 부른다. 지희는 멈춰 서서 엄마를 쳐다본다. 엄마는 지희를 따뜻한 태도로 안아올려 다른 쪽 구석의 장난감이 있는 곳으로 데려간다.

엄마는 지희의 **주의를 다른 곳**으로 돌린다. 우선 아이의 주의를 끌기 위해 지희의 이름을 부르고, 다음에는 지희의 주의를 방의 다른 쪽으로 이끈다. 이때 엄마는 아이의 주의를 화병이 아닌 다른 것에 집중하게 만들면서 따뜻한 태도를 유지한다.

행동을 많이 하고 말을 적게 하면 관심 끌기나 힘 과시하기를 피할 수 있다. 이외에도 지희의 엄마는 어떤 방법을 사용할 수 있을까?

훈육하는 방법을 배우고 실천한 다음, 훈육의 결과에서 다시 배우는 데는 긴 시간이 걸린다.

- 지희가 다른 방에서 놀이하도록 데려간다.
- 지희에게 다른 장난감을 주어 놀 수 있도록 한다.

영아에게는 특히 주의를 다른 데로 돌리는 방법이 효과가 있다. 생후 4개월 된 아이가 부모의 귀를 잡아당긴다면 가지고 놀 수 있는 장난감을 주는 것이 좋다.

2. 자녀의 잘못된 행동을 무시한다

세 살인 미사는 주스가 마시고 싶다. 아빠는 전에 미사에게 무엇을 원할 때는 "주세요."라고 예의 바르게 말하면 그것을 주겠다고 분명하게 말하였다. 그러나 오늘 미사는 "줘!"라고 말했다. 미사가 주스를 달라고 아무리 칭얼대도 아빠는 들은 채도 안 하고 저녁식사를 준비한다.
미사는 다시 칭얼거리다 왜 아빠가 주스를 주지 않는지 이유를 기억해낸다. 미사는 이번에는 싹싹한 말투로 "주스를 주세요."라고 말한다. 아빠는 "그럼, 주스를 주고말고, 너는 존중하는 태도로 내게 부탁을 했구나."라고 말한다.

아빠는 미사의 잘못된 행동을 무시했다. 무시는 자녀의 으스대기, 부루퉁하기, 칭얼거리기, 가는 울음소리, 떼쓰기, 힘 과시하기, 방해하기, 과자 달라고 조르기 그리고 무례한 행동과 같은 문제행동에 효과적인 훈육 기술이다.

무시해서는 안 되는 행동 : 자녀가 누군가를 다치게 하거나 자신을 다치게 할 수 있는 행동을 할 때에는 무시해서는 안 된다.

부모 자신의 신체언어에 유의하라 : 자신의 표정과 태도가 자녀에게 어떻게 보이는지 생각해 보라. 부모가 아무런 말도 하지 않지만 화난 표정을 짓고 있다면 그것은 잘못된 행동을 무시하는 태도가 아니다. 자녀는 이런 태도를 잘 알아챌 수 있다. 또한 유념해야 할 사실은, 대부분의 아이들은 쉽게 포기하지 않기 때문에 한동안은 더 심하게 행동할 수 있다는 점이다. 이때에는 평온한 표정으로 하던 일에만 주의를 집중하라. 인내심을 가지면 반드시 효과를 볼 수 있을 것이다.

3. 환경을 구조화한다

할머니 방 탁자 위에 사탕접시가 놓여 있다. 두 살인 윤정이는 사탕 한 개를 먹는다. 할머니는 윤정이에게 사탕 한 개가 한도라고 말하고는 사탕접시를 찬장 안에 넣는다.

할머니는 **환경을 구조화**한다. 윤정이가 사탕을 더 먹고 싶어할 것임을 알기 때문에, 손이 닿지 않고 보이지 않는 곳에 넣어 윤정이가 사탕에 대해 잊을 수 있도록 해준다. 이 외에도 할머니는 안전문을 사용하여 할머니방에 들어갈 수 없게 만들거나 잠시 동안 윤정이를 아기놀이실 안에 데려다놓을 수 있다. 이렇게 하면 할머니가 잠깐 급하게 처리할 일을 하는 동안 윤정이를 안전하게 보호할 수 있을 것이다.

유아기에는 '직접 만져보는' 다양한 체험이 필요하다.

1) 직접 만져볼 수 있게 하라

유아기는 무엇이든 탐색하며 배우는 시기이다. 이때에는 많은 것을 '직접 만져보는' 체험이 필요하기 때문에 환경을 구조화해 두면 자녀에게 "손대지 마!"라는 말을 하지 않아도 될 것이다.

환경을 구조화하는 것은 '**어린아이에게 안전한 환경 만들기(child-proofing)**' 또는 '**아기에게 안전한 환경 만들기(babyproofing)**'라고 달리 표현할 수 있다. 아기가 기기 시작하면 곧바로 집안을 아기에게 안전한 환경으로 만들어야 한다. 부모는 집안의 모든 위험한 물건을 완전히 없애버리거나 모든 물건을 아기의 손이 닿지 않는 곳에 치울 수는 없지만 집을 훨씬 안전한 곳으로 만들 수는 있다.

환경의 구조화는 아기가 뭔가를 할 수 있도록 해주는 데도 유용하다. 아기의 손이 닿을 수 있는 곳에 만지고 놀 것들을 놓아두면, 자녀가 직접 만져보는 체험하는 데 도움이 되고 아기돌보기도 훨씬 편해질 것이다. 또한 자녀와 부모 자신의 특별한 물건들을 모두 보호하는 것이 훨씬 쉬워질 것이다.

2) '내 것'과 '남의 것'

걸음마기 아이는 '내 것'이라는 소유의 개념을 배우게 된다. 동시에 부모가 자녀에게 어떤 물건은 건드려서는 안 된다고 가르치면 자녀는 '내 것'과 '남의 것'의 차이를 배우기 시작한다.

아빠는 생후 2년 반 된 유석이에게 유목 한 조각을 보여주며 "이건 내 것이야. 이걸 만지려면 먼저 나에게 만져도 되는지 물어야 해."라고 말한다. 그 다음에 아빠는 유석이의 사자인형을 가리키며 "저 인형은 네 것이야. 내가 사자를 안아 봐도 되겠니?"라고 말한다. 아빠는 가끔 이 과정을 되풀이한다. 유석이는 소유의 개념에 대해 배우게 된다.

시간이 흐르면 자녀는 부모의 소유물을 존중하는 법을 배우게 될 것이다. 이때에는 부모 자신의 물건을 하나씩 여기저기 두기 시작한다. 자녀는 가끔 실수를 할 수 있지만 이 과정을 통해 자기통제 능력과 타인의 물건에 대한 존중을 배우고 경험을 쌓을 수 있다.

3) 일과

환경을 구조화하는 또 다른 방법은 정해진 일과를 따르는 것이다. 일과에는 3가지 중요한 시기가 있다. 아침시간, 식사시간, 취침시간이다. 규칙적인 일과는 자녀에게 한계를 가르쳐줄 수 있다.

자녀에게는 한계가 필요하다. 자녀에게 한계를 정해주면 자녀는 미리 일어날 결과를 예측할 수 있게 된다. 우리집의 일과와 이웃집의 일과가 다르다면 어떻게 해야 할까? 그래도 괜찮다. 중요한 것은 우리 집에서는 일과를 정하면, 예외적인 때를 제외하고는 그 일과를 꼭 지킨다는 것이다.

태랑이는 세 살이다. 그의 집에서는 옷을 입은 다음 아침식사를 한다. 점심, 간식과 저녁식사는 매일 일정한 시간에 먹게 되어 있다. 목욕하기와 동화책 읽기는 취침시간 전에 한다.

4. 자녀가 아니라 상황을 통제한다

부모들은 흔히 자녀를 통제해야 한다고 생각한다. 이런 부모들은 자신이 통제하지 않으면 자녀가 자신을 통제하게 된다고 생각한다. 그러나 자녀도 어느 정도의 통제권을 원하며 필요로 한다. 자녀가 자기자신에 대해 얼마간의 긍정적인 통제권을 가지게 되면 독립심과 자신감을 키우는 데 도움이 된다.

부모가 어떻게 하면 자녀에게 긍정적인 통제권을 부여할 수 있을까? 그것은 자녀가 아니라 상황을 통제하는 것이다. 부모는 자녀에게 한계를 정하고, 그 안에서 선택권을 줌으로써 상황을 통제할 수 있다.

1) 한계를 정하라

명령을 하는 대신 한계를 정하라. 환경을 구조화하는 것은 곧 제한을 정하는 것이다. 아이는 집안 대부분의 공간이나 물건들을 자유롭게 탐색할 수 있다. 만일 아이가 물건을 부러뜨리든지 위험한 행동을 하면 다음과 같은 방법을 사용할 수 있다.

- 아이의 주의를 다른 데로 돌린다.
- 만지면 안 되는 물건들은 치운다.
- 문이나 출입구는 아이가 돌아다닐 수 있는 경계를 정하는 데 사용한다.
- 필요하다면 아이를 들어 옮긴다.

2) 선택권을 주라

걸음마기 후반이나 학령전기 자녀에 대해서는 일정한 한계를 정해 그 안에서 선택권을 줄 수 있다. 일정한 한계가 정해져 있으므로 부모가 어느 정도 통제할 수 있으며, 자녀는 선택권을 가짐으로써 어느 정도의 통제권을 갖게 된다. 예를 들어 다음과 같이 말한다.

- "내가 전화로 말하는 동안 조용히 놀든지, 아니면 이 방에서 나갈 수 있어. 네가 결정해."
- "할머니네 집에 갈 때, 이 장난감들 중 어느 것을 가져가고 싶니?"
- "완두콩을 얼마만큼 먹고 싶니, 요만큼 아니면 이만큼?"
- "잠잘 때 빨간 잠옷을 입고 싶니, 아니면 파란 잠옷을 입고 싶니?"

5. 자녀를 참여시킨다

부모가 자녀에게 선택권을 주는 것은 훈육과정에 자녀를 **참여시키는**

것이다. 이렇게 하면 자녀는 독립심과 협력을 배우게 된다.

부모가 선택권을 제시했을 때 자녀가 "싫어, **난 이거 할래**!"라고 말할 수 있다. 이때에는 "그건 선택 대상이 아니야."라고 말한다.

유아는 자신의 욕구를 부모가 소중히 여긴다고 느낄 때 협력에 대해 더 잘 배운다.

1) 자연적 결과와 논리적 결과

자녀의 행동을 교정하고 싶다면 **결과**(consequence)를 강조할 수 있다. 결과란 자녀가 내린 선택의 결과를 말한다.

자연적 결과(natural consequences)는 바로 나타난다. 예를 들면 점심을 먹지 않으면 배가 고프고 피곤한 아이는 짜증이 나는 것과 같이 어떠한 행동을 하면 당연히 발생하는 결과를 말한다.

논리적 결과(logical consequences)는 바로 나타나지 않는다. 자연발생적으로 일어나는 결과가 아니라 부모가 창안한 합리적인 결과를 말한다.

세 살인 승희는 세발자전거를 타다가 일부러 민지에게 부딪힌다. 승희의 엄마는 논리적인 결과를 사용하여 "네가 자전거를 올바로 사용하는 자세가 아직 안 된 것을 알겠구나."라고 말하면서 승희가 자전거 탈 수 있는 특권을 한동안 정지시킬 수 있다.

대다수의 상황에는 자연적 결과가 따르지 않는다. 또 많은 자연적 결과가 위험한 경우도 있기 때문에 부모는 논리적 결과를 창조할 필요가 있다.

리아는 생후 2년 반 된 여아다. 아빠는 리아가 큰 길에 뛰어들어 차에 치는 위험을 당하게 할 수는 없다. 그래서 아빠는 논리적 결과를 수립하고 "리아야, 큰 길은 놀이하는 곳이 아니야. 차에 치일 수도 있다. 너는 마당이나 집안에서 놀 수 있어. 네가 결정해. 만일 네가 큰길 쪽으로 가면 나는 네가 한동안 집안에만 있기로 한 것으로 생각하겠다."라고 말한다.

그럼에도 리아가 큰길로 나가면 어떻게 할까? 아빠는 리아가 집안으로 들어간다는 선택을 한 것으로 받아들이고 집안으로 데려간다. 얼마간이 지난 후 아빠는 리아에게 다시 기회를 줄 수 있다. 리아가 또 다시 큰길로 나가면 또 집안으로 데려간 다음 이번에는 집안에 있는 시간을 더 늘림으로써 리아는 한계를 배우게 될 것이다.

2) 결과와 처벌은 어떻게 다른가?

결과와 처벌의 차이점은 다음과 같다.

- 결과는 부모 자신과 자녀에 대한 존중을 보여준다.
- 결과는 잘못된 행동에 비추어 적절하다.
- 결과는 나쁜 아이가 아니라 나쁜 선택에 있다.
- 결과는 과거가 아니라 '지금 여기'에 대한 것이다.
- 결과는 확고하되 친절하다.
- 결과는 한계 내에서 선택의 여지를 준다.

(1) 결과는 존중감을 보여준다

결과는 부모 자신과 자녀에 대한 존중을 보여준다.

부모가 다른 어른과 대화를 하고 있는데, 아들 영수가 방안으로 들어와 놀기 시작한다. 그의 놀이가 점점 시끄러워진다. 이때 부모들은 자칫 "조용히 하든지 나가 놀아!"라고 고함치기 쉽다. 하지만 그 대신 "영수야, 우리는 이야기 중이야. 이 방에서 조용히 놀든지 아니면 다른 방에 가서 놀아라."라고 말한다.

(2) 결과는 잘못된 행동에 비추어 적절하다

결과는 일반상식에 맞고 수긍할 수 있는 것이어야 한다. 그리고 결과는 잘못된 행동에 비추어 '적절'해야 한다.

부모가 네 살 된 딸아이에게 어디에서 세발자전거를 탈 수 있는지 장소를 일러주었는데, 아이가 정해진 장소 밖으로 자전거를 타고 나갔다. 집에 돌아온 딸아이에게 부모는 벌을 주거나 일찍 자라고 자기 방으로 들여보내지는 않는다. 취침시간과 자전거 타기는 서로 아무런 관련이 없기 때문이다. 대신 부모는 자녀에게 선택권을 준다. "내가 가르쳐준 장소에서 자전거를 타든지 그렇지 않으면 자전거를 치우고 당분간 다른 것을 하렴."이라고 말한다.

(3) 결과는 나쁜 아이가 아니라 나쁜 선택에 있다

결과는 자녀가 나쁜 아이인 것이 아니라 잘못된 선택에 있다. '행위자와 행위를 구분하라'는 말을 들어보았을 것이다. 결과를 사용하면 행위자와 행위를 구분할 수 있고, 교정되어야 하는 것은 아이가 아니라 잘못된 행동임을 알 수 있다. 결과는 자녀에게 "난 너의 행동은 잘못이라고 생각하지만 너를 변함없이 사랑해."라고 느끼게 해준다.

결과는 자녀에게 "난 너의 행동은 잘못이라고 생각하지만, 난 변함없이 너를 사랑해."라고 느끼게 한다.

유아기 자녀가 화가 나서 음식을 일부러 마루에 집어던졌다. 부모는 아이에게 소리를 지르거나 엉덩이를 때리지 않고 단순히 식사를 다한 것이라고 생각해 준다. 그리고 "네가 밥을 다 먹었구나. 우리의 다음 식사는… 것이야."라고 말한 다음 자녀를 식탁에서 내려놓는다.

(4) 결과는 과거가 아니라 '지금 여기'에 대한 것이다

결과는 지금 현재의 행동만을 대상으로 해야 하며, 지나간 과거의 행위를 들추어내지 않는다.

아이가 놀이할 친구를 집으로 부르고 싶어한다. 지난번에 그 친구가 놀러왔을 때는 둘이서 싸웠다. 부모는 "안 돼! 너희 둘이서는 싸움밖에 안 하잖아!"라고 말하는 대신 "너희 둘이 서로 협력하고 사이좋게 놀겠다면 친구를 불러도 좋아. 그러나 만일 둘이 싸우게 되면 친구를 자기 집으로 돌려보낼 거야."라고 말한다.

위의 예에서 부모는 자녀가 지금 할 행동에만 초점을 맞추고 과거에 했던 행동에 대해서는 언급하지 않는다. 또 부모가 원하는 협력이란 어떤 것인지 설명해준다. 이렇게 하면 자녀는 협력이 어떤 것인지 듣고 배우게 된다.

(5) 결과는 확고하되 친절하다

결과는 확고하되 친절하며 존중과 배려를 보여준다.

생후 2년 반 된 아이가 잠자리에 들 시간이다. 부모는 "빨리 자거라. 그렇지 않으면 각오해!"라고 말하지 않는다. 대신 "넌 지금 잠자리에 들어야겠구나. 방까지 네가 걸어갈래, 아니면 내가 안고 가줄까?"라고 말한다.

(6) 결과는 한계 내에서 선택의 여지를 준다

자녀는 선택을 할 수 있으므로 어느 정도의 통제권을 갖게 된다.

두 살 난 아이에게 "강아지를 살살 다루겠다면 강아지와 놀아도 돼. 만일 네가 강아지를 때리면 다른 걸 가지고 놀아야 한다."라고 말한다.

3) 논리적 결과의 사용을 위한 기본 원칙

논리적 결과를 효과적으로 만들기 위해 다음과 같은 7가지 방법을 사용할 수 있다.

(1) 자녀의 선택을 수용하라

일단 자녀가 스스로 선택해서 결정하면 당분간은 그 결정을 되돌릴 수 없도록 한다. 나중에 다시 자녀에게 협력할 기회를 제공한다.

다섯 살인 다미는 거실에서 빵을 먹으면서 사방에 부스러기를 흘린다. 다음에 다미가 간식을 먹겠다고 하면 거실이 아닌 부엌에서는 먹어도 좋다고 말해 준다. 그리고 난 후 다미는 다시 간식을 먹을 때 거실에서 흘리지 않고 먹을 기회를 얻을 수 있다.

어떤 아이는 결정하는 데 어려움을 가진다. 이런 아이는 자신이 무엇을 원하는지 알지 못하거나 부모가 대신 결정해주기를 원할 가능성이 높다. 이때에는 아이가 선택을 할 수 있는 일정 시간의 한계를 정해준다.

영아기 자녀에게도 결과를 강조할 수 있는가?

대부분의 경우 영아기 자녀는 아직 논리적인 사고력이 부족하기 때문에 논리적 결과를 강조하기에는 너무 어리다. 그러나 영아의 행동에 문제가 있다면 결과를 강조해야 한다.

예를 들어 영아가 아빠의 코를 손으로 찌른다고 가정해 보자. 이때에 아빠는 코를 찌르지 못하도록 아기의 손을 잡거나 아기를 바닥에 내려놓을 수 있다. 그러나 한 살 된 아기가 자신의 행동의 결과를 이해하리라고는 생각할 수 없다. 이 아기는 경험을 통해 어떤 행동은 해도 되고 어떤 행동은 해서는 안 되는지를 배우게 된다. 그러나 이렇게 학습된 것이 오래 가지는 못한다.

아이들은 결정을 못 내리고 우물쭈물할 수 있다. 부모는 아이가 일단 내린 선택은 당분간 돌이킬 수 없도록 함으로써 효과를 거둘 수 있다.

엄마는 세 살 난 숙이에게 간식으로 여러 가지 중 어느 것을 선택할 것인지 물어본다. 숙이는 쉽게 선택을 하지 못한다. 엄마는 "숙아, 생각해 보렴. 그런 뒤에 네가 결정한 것을 나에게 알려줘."라고 말한다.
10분 후 숙이가 와서 "아직도 못 골랐어요."라고 말한다. 엄마는 "좋아, 10분을 더 줄 테니까 그때까지 결정해라."라고 말한다. 숙이는 "그때까지 결정 못하면요?" 하고 물어본다. 엄마는 다정한 말투로 "그때까지 고르지 못하면 간식을 원하지 않는 것으로 생각할 거야."라고 말한다.

(2) 잘못된 행동이 반복될 때마다 결과적용 시간을 늘려나가라

자녀가 똑같은 잘못된 행동을 다시 할 때마다 결과적용 기간을 늘려나간다.

두 번째 기회가 주어졌을 때 다미는 또 거실을 난장판으로 만들어놓았다. 이제 다미는 가족과 합의한 대로 다음 2회의 간식시간에는 거실에서 간식을 먹을 수 없다.

(3) 존중하는 표현을 사용하라

자녀가 스스로 선택하게 할 때에는 친절하고 성의 있는 어조를 사용하라. 예를 들어 "넌 __________든지 아니면 __________할 수 있어. 네가 결정하렴."이라고 말할 수 있다.

- "자리에 앉든지 아니면 방을 나갈 수 있어. 네가 결정하렴."
- "친구와 사이좋게 놀든지 아니면 아빠와 산책하러 갈 수 있어. 네가 결정하렴."

선택을 위한 또 다른 방법으로는 "만일 네가 ________________다면 해도 돼."라는 표현을 사용할 수 있다.

- "네가 아기를 꼬집지 않겠다면 아기와 놀아도 돼."
- "네가 가만히 있겠다면 내 어깨에 올라타도 돼."

또는 자녀에게 부모 자신이 어떤 행동을 할지 간단히 말해 줄 수 있다.

- "네가 내게 예의 바르게 부탁하면 도와줄 수 있어."
- "네가 스톱워치가 울릴 때까지 옷을 다 입지 않는다면 잠옷 차림으로 어린이집에 갈 수밖에 없구나!"

(4) 자녀의 선택을 존중하라

자녀는 단지 부모를 시험할 목적으로 결과를 선택할 수도 있다.

이때에는 자녀의 결정을 받아들이고 "네가 결정을 했구나. 너는 내일 다시 기회를 가질 수 있어."라고 말하라. 이때에도 부모는 말투, 표정, 태도를 평온하게 유지해야 한다.

부모가 말을 너무 많이 하면 자녀는 귀를 닫아버린다.

(5) 말은 적게 행동은 많이 하라

부모가 너무 말을 많이 하면 자녀는 더이상 귀를 기울이지 않게 되므로, 부모는 결과를 강조할 때 될 수 있는 한 말을 아껴야 한다. 대화하기에 가장 좋은 때는 부모와 자녀 사이가 다정할 때이다.

(6) 선택의 여지가 없을 때는 이를 확실히 밝혀라

부모는 실제로는 그럴 마음이 없으면서 자녀에게 선택권을 제공할 때가 많다. 그러나 선택의 여지가 **없을** 때 선택권이 있는 것처럼 암시를 주면 더욱 큰 문제를 만들게 된다. 대신 기대하는 바를 명확하게 밝혀야 한다.

철희가 놀기를 끝내고 집안으로 들어와야 할 시간이다. 엄마는 "철희야, 이제 들어오고 싶니?"라고 묻지 않는다. 철희가 아마도 아니라는 대답을 할 수 있기 때문이다. 대신 엄마는 "이제 들어올 시간이다."라고 말한다.

철희가 "아직요, 좀 더 놀고 싶어요."라고 말하면 어떻게 할까? 엄마는 철희에게 "네가 스스로 들어오겠니, 아니면 내가 데려올까?"라고 말하면서 어떤 방식으로 들어올지에 대한 선택권을 줄 수 있다. 그 다음에는 철희의 반응을 지켜보고 아이의 결정에 따라 다른 행동을 취할 수 있다.

소리지르기, 잔소리하기, 으름장 놓기는 결과를 처벌로 바꾸어버린다.

(7) 평온한 태도를 유지하라

소리지르기, 잔소리하기나 으름장 놓기는 결과를 처벌로 바꾸어버린다. 따라서 흥분하지 않고 친절하되 확고하고 존중하는 태도를 유지해야 한다.

거울 앞에서 연습하는 것도 좋은 방법이 될 수 있다. 자신의 표정과 태도를 관찰하고 자신의 어조를 들어보라. 그러면 예상하지 못한 자녀의 행동에 대해서도 차분하게 대처할 수 있을 것이다.

6. 다정하게 보낼 시간을 계획한다

자녀에게는 부모의 관심이 필요하다. 매일 자녀와 얼마간의 특별한 시간을 보내는 것이 중요하므로 이를 부모의 일과로 만들면 좋다. 함께 놀이를 하거나 스킨십을 하는 등 즐거운 시간을 함께 하라. 이렇게 하면 자녀의 정서발달에도 도움이 되고 부모와 자녀의 관계도 친밀해질 수 있다. 그것은 또한 장래에 생길 수 있는 행동상의 문제를 미연에 방지하는 데도 도움이 될 수 있다.

설희는 두 살이다. 매일 밤 잠들기 전 엄마는 설희를 안고 흔들며 노래를 불러준다. 이 시간은 엄마와 설희 사이에 마음을 나누는 특별한 시간이 되었다. 설희는 엄마가 부르는 노래를 따라 부르고, 또 엄마에게 자기가 제일 좋아하는 노래를 불러달라고 한다. 이렇게 둘은 매일 15~20분간 다정하고 친밀한 시간을 보내면서 유대관계를 다지고, 설희는 편안하게 잠들게 된다.

다섯 살 난 완기와 아빠는 둘 다 일찍 일어난다. 매일 아침마다 아빠가 출근하기 전에 둘은 개를 산책시키면서 함께 시간을 보내고 일과를 상쾌하게 시작한다.

7. 자녀에게 부과된 한계를 늦추어준다

자녀는 성장하면서 협력하는 법을 배워나간다. 자녀가 성장함에 따라 부모의 통제는 점점 줄어들고 대신 통제권을 서서히 자녀에게 넘겨줌으로써 자녀의 자신감을 키워줄 수 있다.

물론 자녀에게는 아직 보호가 필요하지만 과잉보호는 좋지 않으므로 부모는 자율과 보호 사이의 균형을 찾아야 한다.

- 아빠는 아기가 잔디밭을 기어다니면서 탐색하는 것을 지켜볼 수 있다. 이때에는 매순간 바로 옆에 있어주지 않아도 된다.
- 두 살 난 아이가 묶여 있는 순한 개에게 인사를 할 동안 엄마는 가까이에서 지켜볼 수 있다.
- 부모는 다섯 살 난 자녀가 자전거 타기를 배우도록 허용할 수 있다. 자전거 타기를 배우는 과정에서 자녀는 몇 번이고 자전거에서 떨어져 뒹굴 수도 있다.

자녀에게 부과된 한계를 늦추어가는 것은 여러 해에 걸쳐 계속되는 일련의 과정이다.

자녀의 요구에 양보하거나 명령하기는 자녀에게 자율권을 주는 데 도움이 되지 못한다. 자녀는 한계 내에서 선택함으로써 성장해갈 수 있기 때문이다. 스스로에게 "이 행동이 자녀가 남과 협력하는 법을 배우는 데 도움이 될까?"라는 질문을 던져보고 답이 '아니오'일 때에는 그 행동에 한계를 정해야 한다.

자녀에게 주어지는 행동의 자유는 자녀가 아주 어릴 때 시작해서 오랜 기간 계속되는 일련의 과정이다. 자녀가 존중하는 행동을 보일 때마다 자녀에게 점점 더 많은 통제권을 넘겨준다.

8. 일관성을 유지한다

자녀의 훈육에는 **일관성**이 중요하다. 부모는 같은 행동이 언제, 어디에서 일어나든 같은 방식으로 다루어야 한다. 물론 어떤 부모도 완벽하지 못하기 때문에 항상 일관적이기는 어려우나 그래도 일관성을 목표로 삼아야 한다. 훈육이 일관적일수록 더 큰 효과를 거둘 수 있다.

1) 공공장소에서도 일관적인 태도를 유지하라

일관적인 태도를 취하는 것이 어려운 때도 있지만, 그만큼 보람을 거둘 수 있다. 자녀는 한계를 배우고 자신의 행동에 대한 결과를 예상할 수 있게 된다.

유아들은 그들 자신의 마음을 가지고 있기 때문에 부모가 원하는 대로 항상 행동하지는 않는다.

부모는 유아기 자녀와 함께 쇼핑을 하러 간다. 집을 출발하기 전에 아이에게 "오늘은 장난감을 사지 않을 거야. 집에 쓸 물건들을 사야 하거든."이라고 말해 주었지만, 가게에서 아이는 TV에서 봤던 장난감을 사달라고 졸라대기 시작한다. 부모는 아이를 옆에 데리고 다니면서 아이의 떼쓰는 소리를 무시하며 쇼핑을 계속한다. 그러다 마침내 엄마가 "계속 떼를 쓰는 걸 보니 넌 집으로 돌아가기로 결정한 거지?"라고 말한다.
아이는 더욱 떼를 부린다. 부모는 존중하는 태도를 유지하면서 아이에게 "나는 네가 집으로 돌아가기로 결정했다고 생각한다."라고 말하고는 쇼핑을 중단하고 집으로 향한다.

음식점도 문제가 될 수 있다. 자녀가 좋아하는 음식을 제공하는 패밀리 레스토랑을 선택하라. "넌 치즈버거를 주문할 거니, 아니면 치킨을 주문할 거니?"와 같은 질문을 해서 미리 자녀가 무엇을 주문할 것인지 결정해 둔다.

외식할 때에는 자녀가 집에서 작은 장난감을 들고 가도록 하고 일상적인 행동규칙을 고수한다. 즉, 자녀가 잘못된 행동을 하면 자녀의 식사를 중단시키고 부모나 다른 어른이 아이를 밖으로 데리고 나가서, 그곳에서 다른 일행이 식사를 마칠 때까지 기다린다. 가끔 이것이 불가능할 때가 있는데, 이때에는 부모도 식사를 마칠 수 없다. 불쾌한 경험이긴 하지만 자녀에게는 한계를 배우는 경험이 될 것이다.

영아나 걸음마기의 자녀인 경우 함께 바깥에서 볼일을 보거나 외식을 하는 것이 스트레스가 될 수 있으므로, 가능하다면 혼자서 볼일을 보는 방법을 찾아본다. 이것이 불가능하다면 좀 더 편안하게 볼일을 볼 수 있도록 미리 계획을 짠다. 미리 자녀를 배불리 먹이고 충분히 쉬게 한 다음 볼일을 보는 동안 틈틈이 자녀도 참여시켜 즐거움을 느끼도록 해준다.

- 우체국에서는 자녀가 우체통에 편지를 넣도록 해준다.
- 식료품가게에서는 자녀에게 과일과 채소의 이름을 물어본다.

2) 남들이 어떻게 생각할지 걱정하지 말라

다른 집을 방문하거나 누군가 우리집에 오는 것도 스트레스가 될 수 있다. 영아의 경우 평상시보다 더 시끄럽게 굴 수 있다. 걸음마기 유아의 경우 자기통제 능력을 상실할 수도 있다. 이 점을 이해하면 일관성을 유지하는 데 도움이 될 것이다.

친척이나 친구가 다음과 같이 말할 수 있다.

- "오, 아이에게 비스킷 하나 더 먹게 해줘."
- "괜찮아. 난 아이가 귀찮지 않아."

이 말들은 부모에게 도전이 될 수 있다. 이때 부모는 평온하고 다정하나 확고한 태도로 친구나 친척에게 말한다. "참아줘서 고마워. 하지만 비스킷은 2개면 충분해." 아이의 떼쓰기가 계속되면 그 집을 떠나거나 자녀를 그 방에서 데리고 나간다.

다른 부모가 이의를 제기할 때 자신의 입장을 고수하기는 쉽지 않다. 그러나 부모가 단호한 태도를 취하면 자녀는 부모가 한계를 일관성 있게 시행하는 것을 보고 존중하게 될 것이다.

어떤 부모는 자녀의 행동이 부모가 나약하기 때문이라고 생각하며 창피해한다. 그러나 자녀는 자신의 독자적인 의지가 있기 때문에 항상 부모 뜻대로 행동하는 것은 아니다. 따라서 부모는 자녀가 마음대로 안 될 때 자신의 탓이라고 생각하지 말아야 한다.

3) 다른 아이들이 놀이를 위해 방문했을 때

친구들이 방문했을 때 훈육문제가 발생하는 경우가 많다. 다른 아이가 와 있다고 해서 자녀의 잘못된 행동을 용납하는 것은 좋지 않다. 훈육은 일관성이 있어야 한다.

우리집을 방문한 아이도 우리집의 훈육 규칙을 알고 있어야 한다. 이들에게 우리집의 훈육규칙을 설명하고, 문제가 발생하면 그 규칙을 실행에 옮긴다. 처음에는 아이들이 부모의 인내를 시험할 수도 있으므로 확고하지만 다정한 태도를 유지하라. 아이들은 부모가 말한 대로 실행한다는 것을 알고 깨닫고 나면 아마 보다 협조적인 태도를 보이게 될 것이다. 그렇지 않다면 부모는 방문한 아이를 집으로 돌려보낼 수 있다.

4) 규칙이 다를 때

규칙은 각 가정마다 다르다. 자녀에게 "우리집에서는 네가 내 방에서 놀아도 되지만 승연이네 집에서는 승연이 엄마가 '여기서 놀아라' 하고 정해준 곳에서만 놀아야 해."라고 자녀가 이해하게끔 말해 준다.

9. 자녀의 긍정적인 행동을 찾아 인정해준다

한계는 필요한 것이지만 긍정적인 말과 행동으로 균형을 맞춰주어야 한다. 자녀의 **긍정적인 행동을 찾아 인정해준다면** 부정적인 것보다 긍정적인 것에 대해 말하게 된다. 부모는 자연스럽게 자녀에게 안 된다고 말하기보다 "**그래.**"라고 말하는 빈도가 높아질 것이다.

자녀가 다른 아이들과 협력할 때 인정해준다 : "세진아, 너와 상호는 함께 노는 것을 좋아하는 것 같구나." 이것은 자녀의 자아존중감 형성은 물론, 자녀가 보다 긍정적으로 행동하는 데도 도움을 줄 수 있다.

10. 처벌이 아닌 타임아웃을 사용한다

타임아웃은 걸음마기나 유아기 자녀가 자기통제 능력을 되찾도록 도와주는 방법이다. 타임아웃을 하게 되면 자녀는 진정할 시간을 갖게 되나 유의해야 할 사항은, 타임아웃은 다른 방법이 아무런 효과가 없을 때 **최후의 수단**으로 사용해야 한다는 것이다. 타임아웃은 다음과 같이 **심하게 방해가 되는 행동**(very disruptive behavior)에 대해서만 적절하다.

타임아웃은 다른 방법이 아무런 효과가 없을 때 최후의 수단으로 사용해야 한다.

- 떼쓰는 행동
- 끊임없이 방해하는 행동
- 때리거나 물어뜯는 행동

1) 타임아웃의 목적

타임아웃에는 다음의 2가지 목적이 있다.

- 자녀에게 다른 사람들과 어울리고 싶다면 자신의 행동을 통제할 수 있어야 함을 가르친다.
- 부모 자신에게 자신의 행동과 감정을 조절할 기회를 준다.

2) 타임아웃 사용에 지켜야 할 6가지 기본 지침

타임아웃이 효과를 거두려면 다음의 원칙을 반드시 따르는 것이 좋다.

1. **타임아웃 장소를 선정하라 :** 타임아웃 장소는 사람들로부터 격리된 곳으로 해야 한다. 아이의 방을 타임아웃 장소로 정하는 것도 좋다. 일부 부모들은 아이 방을 타임아웃 장소로 하면 아이가 자기 방을 싫어하게 되지 않을까 걱정한다. 그러나 부모가 평온한 태도를 유지하고 뚜렷한 목적의식만 갖고 있다면 타임아웃은 처벌로 느껴지지 않을 것이다. 따라서 자기 방이든 어디든 타임아웃 장소는 단지 자녀와 부모가 차분하게 마음을 가라앉힐 수 있는 조용한 공간일 뿐이다. 만약 자녀가 뭔가를 손상하거나 깨뜨릴 우려가 있다면

미리 그것을 다른 곳으로 치우도록 한다.

어떤 부모는 자녀가 발로 문이나 벽을 차지 않을까 우려한다. 꺼진 벽이나 부서진 문을 고치는 것이 다친 자아존중감을 제대로 회복하는 것보다 훨씬 쉬운 일이다.

2. **규칙을 설명하라 :** 자녀는 타임아웃의 규칙을 알아야 한다. 가능하다면 문제가 발생하기 전에 규칙에 대해 설명하라. "네 행동이

다른 사람과 어울릴 자세가 안 된 것으로 보이면 네게 타임아웃이 필요한 것으로 알겠다."라고 말해 줄 수 있다. 부모는 타이머나 다른 알람장치의 시간을 맞춰놓을 것이라고 설명한다. 그동안 아이 스스로 차분하게 행동할 자세가 되면 버저 소리와 함께 타임아웃 시간은 끝난다고 설명한다.

3. **타임아웃 시간을 미리 계획하라 :** 첫 번째 타임아웃은 1~2분의 시간이면 충분하다. 그리고 다음번 타임아웃을 실시할 때마다 타임아웃 시간을 1분씩 늘린다. 시간의 원칙을 말하자면 아이의 연령 1년당 1분이 넘지 않아야 한다. 즉, 만 3세의 자녀라면 타임아웃 시간은 절대로 3분을 넘지 않아야 하고, 만 5세의 자녀라면 5분을 넘지 않아야 한다.
어떤 자녀는 스스로 자신이 타임아웃 장소에서 나올 때를 결정할 수 있다. 그렇다면 부모에게는 타이머가 필요하지 않다. 자녀에게 "네가 스스로 차분하게 행동할 준비가 되면 나와도 돼."라고 말한다. 이렇게 하면 자녀는 자기통제 능력을 키우게 될 것이다.

4. **문은 잠그지 마라 :** 문을 잠그는 것은 위험하다. 자녀는 자기가 갇혔다는 느낌이 들고 무서워할 수 있다. 물론 문이 잠겨져 있지 않으면 자녀가 타임아웃 시간이 끝나기 전에 나올 수도 있다. 만약 그런 일이 생기면 확고하지만 친절한 태도로 자녀를 타임아웃 방으로 돌려보낸다.

아이들은 즐기면서 할 때 가장 잘 배운다.

5. **자녀가 놀이를 하도록 허용하라 :** 자녀는 타임아웃 시간에 놀이를 해도 된다. 이것은 자녀가 얼마간 자기통제 능력을 되찾았다는 것을 의미하기 때문이다. 다시 한번 말하지만 타임아웃은 처벌이 아니라는 것을 기억하라.

6. **일단 타임아웃이 끝나면 그것으로 끝낸다 :** 더이상 그 타임아웃에 대해 왈가왈부하지 않는다. 논의를 하게 되면 바람직하지 못한 행동으로 다시 관심을 이끌 수 있기 때문이다.

격려 STEP

부모의 신념과 기대는 자녀에게 큰 영향을 미친다. 부모는 자녀가 존중받을 가치가 있고 유능하다고 믿는다. 이 믿음을 자녀에게 표현하라! 부모가 이렇게 믿음을 표현해줄 때 자녀는 자신이 존중받으며 유능하다고 믿게 될 것이다. 그 결과보다 더 예의 바르고 유능하게 행동하려고 할 것이다.

부모가 자녀에 대한 신뢰를 표현하는 데 지켜야 할 5가지 원칙 :

- 자녀의 관심사에 초점을 맞춰라.
- 자녀와 경쟁하지 말고 그 대신 협력하라.
- 자녀에게 존중하는 태도로 말하라.
- 자녀의 특기와 장점을 찾아 인정하라.
- 자녀만의 특별한 점을 찾아 가치를 인정하라.

부모가 자녀를 믿고 있다는 것을 표현할 방법을 찾아보라.

어떻게 하면 훈육 시 일어나는 문제를 피할 수 있을까?

부모는 자녀의 문제행동을 완전히 없앨 수는 없지만 줄일 수는 있다. 어떻게? 시간을 투자해서라도 자녀에게 협력하는 데 필요한 기술을 가르치면 된다.

어떤 기술을 가르칠 때는 반드시 자녀의 흥미 여부를 확인해야 한다. 우선 부모와 자녀가 모두 기분 좋은 시간을 택해서 가르친다. 가르치는 도중에 부모와 자녀 중 한쪽이라도 피곤해 하거나 지루해하면 중단했다가 나중에 다시 시작한다.

엄마는 아들 대니에게 말했다. "옷 입기 게임을 하자. 너 스스로 옷 입기를 배우도록 엄마가 도와줄게." 우선 엄마는 대니가 옷을 앞뒤를 바꿔 입도록 했다. 그 다음 둘은 거울을 보면서 함께 웃었다. 엄마는 "우리가 뒤로 걷는다면 아마 이렇게 입을 거야."라고 말한다.

다음에 엄마는 대니가 한 가지-셔츠-를 제대로 입도록 도와주었다. 대니는 그 모습을 거울로 보았다. 그리고서 엄마는 "이제 네가 다음에 무엇을 입을 건지 선택하렴."이라고 말했다. 대니는 신발을 하나 선택해서 오른발에 신었다. 그리고는 거울을 보더니 "이런, 양말 신는 것을 잊었어요."라고 말했다. 엄마는 "정말 그랬네! 어떻게 할까?"라고 말했다. 대니는 신발을 벗고 양말을 신었다. 발이 신발에 걸려 더이상 들어가지 않자, 엄마는 대니에게 신발 뒤축을 잡아당겨 발꿈치 밀어넣는 법을 가르쳐주었다.

이렇게 옷 입는 법을 가르치고 배우는 데는 상당히 오랜 시간이 걸렸다. 그렇지만 대니와 엄마는 즐거운 시간을 보냈다. 또 대니는 많은 것을 배웠고, 이를 기억해서 다음에 사용할 수 있을 것이다.

대니가 셔츠를 앞뒤로 바꾸어 입으면 어떻게 할까? 엄마는 "셔츠의 앞뒤를 바꾸어 입는 것이 재미있나 보구나."라고 말해도 좋고 "장난치니까 재미있지? 하지만 오늘은 옷을 바로 입어야 한단다."라고 말할 수도 있다.

훈육은 교육이다

자녀는 많은 기술을 배워가고 있다. 부모 자신도 마찬가지이다. 부모와 자녀 모두에게 효과적인 훈육을 배우는 데는 상당한 시간이 걸린다. 이 긴 과정 내내 훈육의 목적이 자녀에게 '자기훈련' 가르치는 것임을 잊지 마라.

인내심을 가지고 부모 자신의 기대수준을 현실에 맞춰라. 존중하는 태도를 유지하라. 이렇게 하면 자녀는 부모가 부모 자신과 자녀 모두를 존중한다는 것을 알게 될 것이다.

금주의 할 일

본 장에서 배운 훈육방법 중 몇 가지를 사용해본다. 이때에는 자녀의 연령과 발달단계를 고려해야 한다. 특정한 사건을 기록한 후 자신이 취한 행동 가운데 가장 효과적이었던 방법을 찾아본다.

기억해야 할 핵심 사항

1. 훈육과 처벌은 같은 것이 아니다.

2. 훈육방법을 선택할 때는 자녀의 연령과 발달단계를 고려하여야 한다.

3. 다음의 10가지 기본훈육(discipline) 방법 중 문제상황에 따라 선택하여 사용하라.
   - 자녀의 주의를 다른 데로 돌린다(Distract).
   - 자녀의 잘못된 행동을 무시한다(Ignore).
   - 환경을 구조화한다(Structure).
   - 자녀가 아니라 상황을 통제한다(Control).
   - 자녀를 참여시킨다(Involve).
   - 다정하게 보낼 시간을 계획한다(Plan).
   - 자녀에게 부과된 한계를 늦추어준다(Let).
   - 일관성을 유지한다(Increase).
   - 자녀의 긍정적인 행동을 찾아 인정해준다(Notice).
   - 처벌 아닌 타임아웃을 사용한다(Excuse).

4. 명령형 대신 한계를 정하고 선택권 주기를 하라. 일정한 한계를 정해 놓으면 부모가 어느 정도 통제할 수 있게 된다. 자녀에게 주는 선택권은 자녀가 어느 정도의 통제권을 갖도록 한다.

5. 결과란 자녀가 내린 선택 때문에 일어나는 일을 말한다. 결과는 한계를 정하고 선택권을 주는 방법이다. 결과는 다음과 같은 6가지

특징이 있다.

- 결과는 부모 자신과 자녀에 대한 존중을 보여준다.
- 결과는 잘못된 행동에 비추어 적절하다.
- 결과는 나쁜 아이가 아니라 나쁜 선택에 있다.
- 결과는 과거가 아니라, 지금 여기에 대한 것이다.
- 결과는 확고하되 친절하다.
- 결과는 한계 내에서 선택의 여지를 준다.

6. 결과를 사용할 때는 다음의 7가지 기본원칙을 사용한다.
   - 자녀의 선택을 수용하라.
   - 잘못된 행동이 반복될 때마다 결과 적용 시간을 늘려나가라.
   - 존중하는 표현을 사용하라.
   - 자녀의 선택을 존중하라.
   - 말은 적게 행동은 많이 하라.
   - 선택의 여지가 없을 때는 이를 확실히 밝힌다.
   - 평온한 태도를 유지하라.

7. 자녀는 매일 부모와 함께 특별한 시간을 가질 필요가 있다. 이렇게 하면 부모와 자녀 사이의 친밀한 관계 형성에도 도움이 되고 자녀의 문제행동들을 미연에 방지하는 데도 도움이 된다.

8. 타임아웃은 다른 방법이 아무런 효과가 없을 때 최후의 수단으로 사용해야 한다. 타임아웃의 목적은 자녀와 부모 모두가 자기통제 능력을 회복하는 데 있다.

9. 편안한 시간을 선택하여 자녀에게 기술을 가르치되, 이 과정이 즐거운 시간이 되도록 한다.

자신을 위해 이렇게 해 봅시다

부모와 자녀의 권리

부모와 자녀는 권리를 가지고 있다. 그러나 부모의 인생을 온통 자녀에게 집중하여 살고 있다면 부모 자신과 자녀 모두를 위해서도 공평하지 못하다.

부모가 누릴 권리는 다음과 같다.

- 우정
- 사생활
- 자신만을 위한 시간
- 자신의 소유물에 대한 존중
- 자녀와는 별도의 자신의 인생

자녀가 누릴 권리는 다음과 같다.

- 안전하고 사랑하는 가정에서의 성장
- 가족 이외 사람들과의 우정
- 사생활
- 자신의 소유물에 대한 존중

이상의 권리를 한마디로 요약하면 상호존중이다.

금주의 할 일은 부모의 권리를 지키는 방법을 찾아보는 데 있다. 그리고 자녀의 권리에 대한 존중감을 보여주기 위해 부모는 어떻게 해야 할지 생각해 본다.

<표 6>

논리적 결과 적용하기

영아	영아에 대해서는 문제행동이 잘못된 행동이라고 추정하지 않는다. 아기가 배가 고픈지, 피곤한지, 아픈지, 또는 기저귀가 젖었는지 확인한다. 직접 만지고 탐색하는 활동을 할 수 있도록 안전한 환경을 만들어준다. 일단 아기가 기기 시작하면 집안을 아기에게 안전한 환경으로 바꾸어야 한다.
걸음마기 /유아기 자녀	이 시기의 자녀에게도 직접 만지고 탐색하는 활동이 중요하다. 여전히 아이에게 안전한 환경이 요구된다. 자녀에게 명확한 원칙과 한계를 정해준다.

자녀의 행동	부모의 접근 방법
식사시간이라고 말해도 반응이 없다.	**걸음마기 :** 평온한 태도를 유지한다. 자녀를 식탁으로 데려온다. 자녀가 떼를 쓰면 안전한 장소로 옮긴다. 정해진 간식시간 전에는 아무것도 먹이지 않는다. **유아기 :** 타이머의 시간을 맞춰놓는다. 타이머가 울릴 때까지 자녀가 식탁에 오지 않으면 먹이지 않는다.
장난감을 치우지 않는다.	장난감을 치울 때까지 다음 활동을 미룬다. 한번에 한 단계씩 도와주거나 제안을 해준다. 아이가 어릴수록 각 과업단계는 쉽고 단순해야 한다.
부모의 관심을 요구한다.	자녀를 무시하거나 그 방에서 나간다.
놀이 집단활동을 방해한다.	자녀를 그 장소에서 내보낸다.
물건을 함부로 다룬다.	물건을 조심해서 다루는 법을 가르쳐준다. 자녀가 또 다시 함부로 다루면 한동안 그 물건을 사용하지 못하게 한다.
장난감을 잃어버리거나 망가뜨린다.	장난감이 자녀의 연령에 적합한 것인지 확인한다. 자녀가 장난감을 정리정돈하도록 지도한다. 사용법을 가르쳐준다. 자녀가 이해할 만한 연령이라면 새로 장난감을 사주지 않는다.
상점이나 다른 공공장소에서 잘못된 행동을 한다.	자녀와 함께 그 곳을 떠나거나 다음에는 자녀를 동반하지 않는다.
식탁에서 먹지 않고 어지르면서 식사한다.	**걸음마기 :** 이 시기의 자녀는 어지럽히는 것이 자연스럽고 정상적이다. 식탁 외의 장소에서는 먹을것을 주지 않으면 문제를 피할 수 있다. **유아기 :** 자녀가 어지럽히면 식탁 외의 장소에서는 먹지 못하게 한다.
애완동물의 먹이를 주지 않는다.	**걸음마기 :** 매일 먹이 주는 것을 기억할 만큼 성장하지 않았다. 애완동물에게 먹이 줄 시간이라고 말해 준다. 그래도 자녀가 협조하지 않으면 애완동물에게 먹이를 줄 때까지 자녀에게도 먹을것을 주지 않는다. **유아기 :** 가끔 먹이를 주라고 일깨워주어야 한다. 자녀가 협조하지 않으면 애완동물에게 먹이를 줄 때까지 자녀에게도 먹을것을 주지 않는다.
도움을 요구한다.	자녀가 예의 바르게 부탁할 때까지 도움을 주지 않고 기다린다. 자녀가 떼를 쓰면 진정하도록 한 다음 대화를 한다.

Chapter 7

영유아의 사회적 · 정서적 발달

유아기는 다양한 영역에서 발달이 진행된다. 유아들의 건강한 식생활, 휴식, 신체적 활동은 이 시기의 신체적 성장에 도움이 된다. 유아들은 정신적으로도 발달하고 있다. 그들은 자신의 연령, 흥미, 능력에 맞는 활동을 통해 많은 것을 배울 뿐만 아니라 2가지 중요한 영역에서도 발달이 진행된다.

정서적 영역 : 자신의 감정(느낌)을 다루는 방법
사회적 영역 : 주변 사람들과 관계를 맺어나가는 방식

자녀가 정서적 · 사회적으로 발달해나가기 위해서는 반드시 부모의 도움이 필요하다. 본 장에서는 어떻게 하면 자녀에게 이러한 도움을 줄 수 있는지 몇 가지 방법을 배우게 된다. 가장 중요한 방법 중 하나가 **공감**(**empathy**)을 보여주는 것이다. 공감이란 자녀의 감정을 읽고 이해하며 받아들여주는 것을 의미한다. 부모는 공감을 보여줌으로써 자녀에게 다른 사람들을 받아들이는 법을 가르칠 수 있다. 또 부모는 자녀의 정서적 · 사회적 발달을 돕기 위해 다음을 가르칠 수 있다.

- 다른 사람의 관점에서 바라보는 태도

본 장에서 배울 내용

- 자녀는 건강한 방법으로 감정을 공유하는 법을 배울 수 있다.
- 부모는 자녀에게 한계를 설정하여 독립심을 격려해 줄 수 있다.
- 부모는 자신과 자녀가 어려움을 극복할 수 있는 용기를 기르도록 도울 수 있다.

- 다른 사람의 감정을 배려하는 태도
- 다른 사람의 말에 귀기울여 듣는 태도

정서발달 이해하기

유아들의 정서적 발달에는 개인차가 있다. 그리고 유아는 성장하면서 정서를 다른 방식으로 처리할 수 있게 된다.

수희는 세 살이다. 수희는 오늘 행복하고 자신감이 넘쳐 보인다. 아빠와 함께 공원에서 귀가하는 길에 이웃집 개가 짖어대며 달려와 아빠와 수희를 반겨준다. 수희는 아빠에게 "멍멍이는 우리를 물지 않아요."라고 말했다.
다음날 오후 수희는 기분이 좋지 않다. 짜증이 나고 자신감도 없다. 수희와 아빠는 어제와 같은 길을 걸어 집으로 오는데, 어제의 그 개가 달려오자 수희는 무섭다며 아빠에게 달라붙는다. 아빠는 "수희야, 괜찮아. 너는 겁이 나는구나. 하지만 그 개는 '안녕' 하며 인사하는 거란다."라고 말해 주었다.

1. 유아가 감정을 공유하도록 돕는 방법

부모는 자녀가 건강한 방법으로 감정을 공유할 수 있도록 가르칠 수 있다.

부모 자신의 감정을 공유하라 : 부모의 말과 행동이 얼마나 중요한지 명심하라. 자녀가 이렇게 했으면 하고 바라는 대로 부모 자신의 느낌을 표현하라. 만일 부모가 행복하다면 미소지으면서 행복하다고 말하라. 만일 자녀가 분노를 폭발시키지 않고 잘 처리하기를 바란다면 부모 스스로 그 방법을 보여주어야 한다.

자녀의 감정에 귀기울이고 그 감정에 관해 말하라 : 자녀의 느낌을 읽어 보라. "나도 천둥소리를 들었단다. 무서운 소리였어."와 같이 말하면서 자녀의 느낌을 읽고 이해하고 있음을 명확하게 보여준다. 여기에 자녀의 감정을 이해하고 있음을 보여주는 다른 방법들이 있다.

- **반영적 경청 기술을 사용하라 :** "넌 불행하게 느끼는구나.", "넌 혼란스러운 것 같구나."
- **자녀의 특별한 점을 인정하라 :** "넌 블록쌓기를 하면서 노래 부르는 것을 좋아하는구나."
- **자녀와의 관계에 금이 생기면 즉시 조치를 취하라 :** 예를 들어 화를 냈다면 "화를 내서 미안해. 그것에 대해 얘기를 해 보자."라고 말할 수 있다.
- **혼란스러운 감정은 정상이라는 것을 자녀가 깨닫도록 도와라 :** "네 동생과 놀고 싶은 때도 있지만 동생이 때릴 때는 함께 놀기 싫을 거야."와 같이 말하면서 사랑하는 사람에게 화를 내도 괜찮다는 것을 보여줘라.

놀이는 감정에 대해 대화할 수 있는 방법이다.

자녀와 함께 놀이를 하라 : 놀이는 자녀가 회피하는 감정에 대해 대화할 수 있는 기회를 제공한다. 인형이나 봉제인형, 동물인형 등을 사용할 수 있다.

다섯 살인 초롱이의 할머니가 돌아가셔서 엄마는 슬픔에 잠겼다. 그 후 몇 주일이 지나면서 초롱이는 점점 더 자주 잘못된 행동을 저지르기 시작했다. 어느 날 오후 아빠는 초롱이에게 인형을 가져와서 함께 놀자고 말했다. 아빠는 초롱이에게 "네 인형 달리에게는 할머니가 있는지 궁금하구나."라고 말했다. 초롱이는 "달리 할머니는 돌아가셨어요."라고 대답했다.
아빠와 함께 놀이를 하면서 초롱이는 달리에게 "엄마가 많이 울어서 속상해."라고 말했다. 또 아빠는 엄마가 초롱이 자신에 대해 잊어버렸다고 생각한다는 것도 알게 되었다. 인형놀이를 통해서 아빠는 초롱이의 감정상태를 읽을 수 있었다. 그리고 아빠는 초롱이가 스스로의 감정에 관해 말하고 이해할 수 있도록 도울 수 있었다.

적절한 한계를 정하라 : 자녀의 감정을 이해하고 있다는 것을 보여줄 때에도 한계를 정해야 한다. "미나가 네 장난감을 망가뜨려서 화가 났구나. 하지만 사람들을 때리면 안 돼. 화가 풀릴 때까지 여기 와서 놀아라."와 같이 말할 수 있다.

위안의 대상을 허용하라 : 영아나 유아는 종종 물건에 집착함으로써 자신의 감정을 다스리려 한다. 아이들은 피곤하거나 두려울 때 스스로를 달래기 위해 부드러운 봉제· 동물 인형이나 특별한 담요에 집착한다. 아이는 인형, 담요를 다루면서 나중에 다른 사람을 사랑하는 방법을 배울 수 있다.

2. 감정과 잘못된 행동

부모는 어린 자녀의 감정이나 정서를 지속적으로 이해해주는 것이 필요하다. 연령이 증가함에 따라 아이는 감정을 사용하여 관심 끌기나 힘 과시하기를 추구하기 시작할 것이며, **가끔**은 더 그런 경향이 나타난다. 부모는 자녀의 이런 행동을 민감하게 감지하여 친절하지만 확고한 태도로 한계를 정해야 한다.

네 살인 문수는 과자를 더 먹고 싶어한다. 아빠는 문수가 점심 식사를 했고 조금 전 간식도 충분히 먹은 것을 알고 있다. 게다가 잠시 후면 저녁식사 시간이므로 아빠는 "저녁식사 시간이 거의 되었구나."라고 말한다. 문수는 칭얼거리면서 "난 배고파요."라고 말하더니 마침내 "난 과자가 먹고 싶단 말이예요. 좀 주세요."라고 소리지르며 울고불고 난리를 친다. 마침내 아빠는 더이상 참을 수가 없어 문수를 자기 방으로 보낸다.

문수의 목표는 과자 먹기를 벗어나 힘 과시하기로 변질되었고, 떼쓰기라는 극단적인 감정을 사용하여 그 목표를 달성하려 한다. 아빠의 반응은 그 잘못된 행동을 그만두게 하려는 의도와 달리 잘못된 행동을 더

욱 강화하고 유도하는 결과를 낳았다.

이때 아빠는, 자녀가 힘 과시하기를 목표로 하고 있음을 이해하게 된다면, 보다 효과적으로 대처할 수 있다. 따라서 아빠는 힘겨루기에 말려들지 않고 문수의 칭얼거리기와 소리지르기를 무시할 수 있다. 또 문수를 그 방에서 내보내야 한다면 "문수야, 네가 부엌에서 나가기로 결정했구나. 협조할 자세가 되면 돌아와도 좋아."라고 말하면서, 평온하고 침착한 태도로 이를 수행할 수 있다.

정서적인 도전들

자녀의 감정에 적절하게 대처하려는 부모의 노력은 많은 도전들에 직면하게 된다. 유아기 자녀를 둔 부모들이 가장 흔히 겪는 자녀의 정서적 문제를 몇 가지 살펴보자.

1. 울음

우리는 어린아이가 울면 위로하기를 원한다. 반면 눈물과 울음이 자녀에게 강력한 무기가 될 수 있다는 사실도 알고 있다. 유아들은 자신의 감정을 말로 표현할 능력이 부족하기 때문에 울음으로 감정을 표현하는 경우가 많고, 울음을 이용해서 부모의 관심을 끌거나 힘겨루기에 끌어들이는 법도 배우게 된다. 가끔 울음은 부모를 '덫에 빠뜨릴' 수 있다. 다시 말해 부모가 자녀의 요구에 굴복하거나 아니면 자녀에게 화가 나서 소리지르며 야단치거나 때릴 수도 있고 죄책감을 느낄 수도 있다.

세 살인 쥴리는 엄마와 블록쌓기하는 것을 좋아한다. 요즘에는 잠잘 시간이 되어 블록을 치우려 하면 쥴리는 울면서 "싫어. 난 더 놀고 싶단 말이야!"라고 소리지르곤 한다. 엄마는 짜증이 나고 죄책감도 느낀다. 엄마는 온종일 일하기 때문에 쥴리와 함께 시간을 잘 보내지 못한다. 쥴리와 더 많은 시간을 함께 놀아준다면 당분간은 울음을 그치겠지만, 엄마가 다시 이제 끝낼 시간이라고 말하면 또다시 울음을 터뜨린다.

쥴리는 엄마의 관심을 묶어놓을 확실한 방법을 찾았다. 그러나 이런 식으로 쥴리가 힘을 과시하게 내버려둔다면 쥴리는 자신의 감정을 통제하는 법을 배우지 못하게 될 것이다. 그러므로 엄마는 "지금 놀이를 중단해서 네가 화났구나. 하지만 잠을 자야 할 시간이야."라고 말하는 것이 현명하다. 그런 다음 평온한 태도로 쥴리가 블록을 정리정돈하고 잠자리에 들 준비를 하도록 돕는다. 또한 쥴리의 힘 과시하기를 긍정적인 방향으로 사용하는 방법을 찾아볼 수 있는데, 예를 들어 쥴리에게 상 차리는 것을 도와달라고 하거나, 쥴리가 아기에게 '동화책 읽어준' 것을 찾아 인정할 수 있다.

울음이 항상 잘못된 행동인 것만은 아니다. 부모는 이를 어떻게 구분할 수 있을까? 자녀가 우는 상황을 주의 깊게 관찰하고 부모 자신의 감정과 반응이 어떤지 파악하라. 이렇게 하면 걸음마기나 유아기 자녀가 부정적인 목표를 추구하는 데 울음을 사용하는 것을 방지할 수 있을 것이다.

2. 슬픔

가끔 걸음마기 후반이나 유아기는 울음뿐 아니라 슬픔을 관심 끌기나 힘 과시하기에 사용할 수 있다. 자녀가 아랫입술을 삐죽 내밀고 고개를 떨어뜨리고 있다면 우리는 자녀가 토라져서 특별대우를 받고 싶어 하는 것을 알 수 있다.

울음이 어떤 때는 잘못된 행동일 수 있다.

그러나 이보다 많은 경우, 아이가 슬퍼하는 것은 도움을 요청하는 소리 없는 외침이므로 이러한 외침은 무시해서는 안 된다. 슬픔은 친구를 잃거나 애완동물이 죽는 등의 상실체험에 대한 반응으로 나타난다. 이외에도 자녀는 다른 형태의 실망스런 사건을 통해 매일 이러한 상실을 체험할 수 있다. 자녀가 자신의 상실체험에 관해 말하도록 돕고 자녀의 감정에 귀기울여준다. 이때에는 반영적 경청을 사용한다. 부모는 자녀의 말에 귀기울여 듣고 이해한다는 것을 자녀가 알도록 도와준다.

1) 부모의 슬픔을 자녀와 공유하라

슬픔과 상실은 인생에서 피할 수 없는 현실이다. 우리는 가까운 사람이 사망하면 자녀와도 거리를 두고 혼자 있고 싶어한다. 이것은 자연스러운 현상이지만 가능한 한 자녀와 함께 슬픈 감정을 공유하도록 노력하라. 이 과정을 통해 자녀는 부모에게서 죽음에 대해 알게 되고 부모가 느끼는 슬픈 감정을 직접 눈으로 보고 배울 수 있다. 만약 감정을 공유할 수 없다면 다른 어른에게 자녀와 대화를 나누고 자녀의 감정을 경청해 달라고 요청하라.

만일 부모, 조부모 또는 친척이 사망하면 슬픈 감정을 자녀와 함께 나눈다. 마음을 개방하면 부모 자신과 자녀 모두에게 도움이 된다. 시간이 지나면 슬픔에서 벗어나 다른 곳으로 관심을 옮길 수 있게 되고, 자녀와 함께 고인에 대한 행복한 추억을 함께 나눌 수 있을 것이다.

2) 우울증의 신호를 주의해서 살펴라

자녀가 슬퍼하고 우는 것은 대개 건강한 정서적 반응이다. 그러나 가끔 슬픔이 다른 감정의 위장된 형태로 나타나는 경우가 있는데 외로움, 분노, 또는 우울증이 표면적으로는 슬퍼하는 것으로 나타날 수 있다. 따라서 왜 자녀가 슬퍼하는지 원인을 파악하는 것이 중요하다. 우울한 아이는 대체로 다음과 같은 신호를 보인다.

- 활동력의 상실
- 위축감
- 절망감
- 감정표현이 없어짐

3) 자녀가 슬퍼할 때 돕기

자녀가 슬퍼하거나 우울해할 때 부모는 다음과 같은 방법으로 도울 수 있다.

- **공감한다** : 자녀의 감정을 가볍게 여기거나 무시하지 않는다. 자녀의 감정에 귀기울이고 이해해준다. 이렇게 하면 자녀는 자신의 감정을 이해할 수 있게 된다.

- **자녀를 격려한다 :** 자녀가 여러 활동을 즐기면서 성공을 경험할 수 있는 방법을 찾아보라. 자녀의 어떤 긍정적인 행동에 초점을 두고 인정해준다.
- **관심과 지지를 보여준다 :** 뿌리 깊게 숨어 있는 이유를 캐내려고 하지 않는다. 단지 자녀가 보호와 관심을 받는다고 느끼도록 도와준다.

자녀의 슬픔이 장기간 계속될 때에는 전문가의 도움을 받는 것이 좋다. 자녀의 주치의나 전문상담자에게 문의할 수 있다.

3. 질투심

질투는 생후 18개월에서 3세 반의 시기에 특히 강하게 나타난다. 유아의 질투심을 완전히 없애버릴 수는 없지만 줄일 수는 있다. 어떻게? 유아가 질투의 감정을 이해하도록 도와줌으로써 가능하다.

- "아빠가 지금 아기에게 우유를 먹여야 하기 때문에 네가 화가 났구나!"
- "누나는 학교에 가는데 넌 못 가서 슬픈 것 같구나."

동생이 태어났을 때 어떻게 도와줄 수 있을까?

다음의 몇 가지 방법은 동생에 대한 자녀의 질투심을 줄이는 데 도움이 될 수 있다.

손위아이에게 아기돌보기를 도와 달라고 요청한다.

- 출산 전 미리 자녀에게 동생의 탄생을 알려준다.
- 자녀가 걸음마기나 유아기라면 특별한 시간을 함께 보내준다. 새로 태어난 동생을 돌보는 데 거의 모든 시간을 뺏기겠지만 손위아이도 여전히 부모의 시간과 관심을 필요로 한다.
- 손위아이에게 동생돌보기를 돕게 한다. 손위아이가 아직 어리다면

기저귀 심부름이나 수유를 도울 수 있다.

- 손위아이가 걸음마기라면 질투를 느끼는 연령이므로 아기와 단 둘이 두지 않는다. 손위아이가 질투를 한다면 아기를 너무 꽉 껴안을 수도 있고 손가락으로 찌르거나 때릴 수 있다.
- 질투심을 느끼는 아이는 다시 아기로 돌아가기를 원할 수도 있다. 이런 아이는 손가락 빨기, 아기처럼 말하기, 심술부리기, 요구가 많아지기, 부모에게 엉겨붙기 등의 행동을 나타낸다. 이때에는 부모가 다독거려주고 사랑한다고 안심시켜주면 도움이 될 수 있다.
- 기대수준을 현실에 맞춘다. 동생이 탄생했다고 해서 걸음마기나 유아기 자녀가 갑자기 큰 아이가 되는 것은 아니다.

4. 두려움

자녀는 종종 도움이 필요하다는 것을 알리기 위해 두려움을 표현한다. 소아과전문의 Brazelton은 자녀의 두려움을 도와주기 위해 부모가 할 수 있는 4가지 방법을 제안하였다.

- 자녀의 두려움을 정상적인 것으로 받아들인다.
- 자녀가 두려워하는 이유를 이해한다.
- 한계를 확고하게 유지한다.
- 자녀가 감정의 분출구를 찾도록 돕는다.

위의 4가지 방법을 보다 자세하게 살펴보자.

자녀의 두려움을 정상적인 것으로 받아들인다 : 부모가 자녀의 두려움에 지나치게 강한 반응을 보이면 자녀의 두려움이 강화를 받게 되어 자녀는 더욱 두려워하게 될 수 있다. 대신 평온한 태도를 유지하면서 "나는 진공청소기 소리가 무섭다는 것을 안단다. 하지만 그것이 너에게 해가 되진 않을 거야. 너는 엄마를 도와 카펫을 깨끗하게 청소할 수 있단다."라고 말해 준다.

자녀가 두려워하는 이유를 이해한다 : 자녀가 두려움을 느끼면 상황을 통제하려 하거나 그 상황으로부터 물러나든지 그 상황을 피하려는 반응을 보인다. 학령전기 유아는 가끔 관심 끌기나 힘 과시하기를 추구하기 위해 두려움을 사용하기도 한다. 가끔 두려움은 자녀가 곧 밀기, 때리기 또는 상처 주기와 같은 **공격적** 행동을 보여주는 신호가 되기도 한다. 이때에는 자녀에게 긍정적인 방법으로 강해지고 통제능력도 가질 수 있다고 안심시킨다. 그 중 한 가지 방법은 자녀에게 말로 감정표현하는 법을 가르치는 것이다.

오늘은 엄마와 아들 태일이가 처음으로 어린이집에 가는 날, 버스 안이다. 태일이는 찌푸린 표정으로 앞좌석을 발로 찬다. 엄마는 "네가 처음 어린이집에 가서 불안하구나. 하지만 앞좌석을 발로 차는 것은 도움이 안 돼. 네가 그렇게 발로 차면서 무슨 생각을 했는지 말해 줄 수 있니?"라고 말한다.
태일이는 "내 모래상자와 트럭을 생각해요. 집에서 그걸로 놀고 싶어요."라고 말했다. 엄마는 "어린이집에는 멋진 모래놀이터가 있어. 또 거기서 다른 아이들과 같이 놀 수 있단다. 재미있을 것 같지 않니?"라고 말한다. 태일이는 "난 가기 싫어요. 새로운 어린이집에는 가기 싫어요."라고 말한다. 엄마는 "다른 아이들도 너와 마찬가지로 기분이 이상하지 않을까 궁금하구나?"라고 대답한다.

한계를 확고하게 유지한다 : 자녀가 두려워한다고 해서 정해진 한계를 벗어나서는 안 된다. 자녀는 한계를 받아들임으로써 용기를 기르는 법을 배우게 될 것이다. 용기는 두려움의 긍정적인 대안이자 '반대쪽 면'이다. 자녀가 두려움을 극복하거나 덜 느끼도록 하는 방법에는 여러 가지가 있다.

네 살인 석진이는 캄캄한 곳을 무서워하고 혼자 자려 하지 않는다. 부모는 걱정이 되어 정해놓은 한계를 어기고 석진이가 매일 밤 부모와 함께 자도록 허용하고 있다.

부모는 석진이가 스스로 두려움에 대처하는 것을 방해하고 있다. 석진이는 부모의 침대에서 편안한 수면을 취할지는 몰라도 두려움을 이겨내는 용기나 자신감은 배우지 못한다. 부모가 어떻게 하면 석진이가 두려움을 극복하거나 줄이도록 도와줄 수 있을까?

- 석진이가 잠들 때 자기 방 조명을 켜두도록 허용하든지 아니면 약한 야간조명을 켜줄 수 있다.
- 자녀가 잠자리에 들기 전에 함께 방을 탐색해 본다. 이렇게 하면 옷장이나 침대 밑에 '괴물'이 숨어있지 않다는 것을 함께 확인할 수 있다.
- 잠자리에서 친구가 될 만한 특별한 동물인형을 안고 자도록 권해 볼 수 있다.

두려움은 정상적인 것이다. 자녀에게 두려움에 대처하는 방법을 가르쳐라.

어느 정도 시간이 흐른 후 석진이와 대화를 해보는 방법도 있다. 그러면 왜 석진이가 어둠을 두려워하는지 파악할 수 있을 것이며 석진이에게 자신의 두려움이 아무런 근거가 없다는 것을 가르쳐줄 수 있다. 자녀가 '**현실과 비현실**'을 구분할 수 있도록 돕는 데는 시간이 걸린다.

자녀가 감정의 분출구를 찾도록 돕는다 : 자녀가 격렬한 감정을 스스로 분출할 수 있는 방법을 찾도록 돕는다. 그러려면 먼저 부모, 가족구성원과 친구들이 감정 다스리는 법을 자녀와 공유하는 것이 좋다. 그리고 자녀에게 스포츠, 게임, 음악, 그림 등 자신의 감정을 표현할 수 있는 활동과 접할 기회를 제공한다.

1) 유아기에 흔히 느끼는 두려움

영유아들이 가장 공통적으로 두려워하는 것 중 2가지는 동물과 악몽이다.

동물에 대한 두려움 : 동물을 접해 보게 함으로써 동물에 대한 두려움을 어느 정도 덜어줄 수 있다. 자녀가 애완동물과 조심스럽게 놀도록 한다. 자녀를 동물원에 데려가서 다양한 동물을 직접 보게 해준다. 또 동물에 관한 책을 자녀와 함께 보면서 동물에 관해 알게 해주는 것도 좋다. 이 모든 것을 서두르지 않고 천천히 접근하는 것이 바람직하다. 자녀가 원하지 않는데 동물 근처에 너무 가까이 가도록 강요하는 것은 도움이 되지 못한다.

악몽 : 악몽을 자주 꾼다면 자녀에게 무엇인가 언짢은 일이 있다는 신호일 수 있다. 약한 야간조명을 켜주거나 자녀에게 꿈 이야기를 하도록 하고 잘 들어주면 도움이 될 수 있다.

2) 부모가 느끼는 두려움

부모는 자녀가 자라는 것을 보면서 두려움을 느끼는 경우가 가끔 있다. 자녀가 새로운 세계를 탐색해감에 따라 자녀가 언젠가는 자기 품을 떠나리라는 불안감이 그것이다. 그러나 자녀가 언제까지나 어린아이로 머물러 있을 수는 없는 노릇이다. 부모는 자녀의 성장발달을 북돋아 주어야지 이를 억눌러서는 안 된다.

앞으로 오랜 시간 동안 부모는 자녀가 독립심을 기르도록 격려하고 한계를 정해나갈 것이다. 자녀의 성장을 격려하면 자녀가 성숙하고 독립적으로 되어가는 것을 볼 수 있으며, 그에 따라 부모도 자신과 자녀에 대해 보다 더 자신감을 가질 수 있을 것이다.

5. 떼쓰기

어린아이의 행동에서 부모를 가장 화나게 하는 정서적 행동 중 하나가 바로 떼쓰기이다. 떼를 쓰면 부모는 화가 나고 아이를 통제할 수가 없어 당황하게 된다.

떼쓰기에는 2가지 유형이 있다.

- 좌절감에 의한 떼쓰기
- 힘 과시형 떼쓰기

떼쓰기는 부모와 자녀 모두에게 힘들다.

부모는 떼쓰기의 유형에 따라 다른 방식으로 대처할 수 있다.

1) 좌절감에 의한 떼쓰기

어린아이는 말로 감정을 표현하는 능력이 부족하다. 또 자신에게 주어진 과업이 너무 어렵다고 느낄 수 있다. 이때에는 자녀의 좌절감과 분노가 한꺼번에 떼쓰기로 폭발할 수 있다.

이런 유형의 떼쓰기에 대해서는 자녀가 마음껏 울부짖어 감정을 배출하도록 하는 것이 최선의 방법이다. 이때 떼쓰기를 중도에 멈추려고 하면 오히려 문제를 악화시킬 수 있다. 떼쓰기가 끝나면 자녀를 껴안고 "뭔가 그렇게 해보고 싶은데 할 수 없으면 정말 힘들지. 그렇지만 넌 언젠가는 그걸 해낼 수 있어."라고 위로해준다.

2) 힘 과시형 떼쓰기

자녀가 힘을 과시하기 위해 떼를 쓰는 경우도 있다. 부모가 굴복하기를 원하거나 단순히 앙갚음이 목적인 떼쓰기가 바로 그것이다. 자녀가 이러한 유형의 떼쓰기를 할 때에는 어떤 방법을 사용할 수 있을까?

떼쓰기를 무시하라 : 이 유형의 떼쓰기는 무시하는 것이 가장 효과적

인 방법이다. 가능하다면 그 방을 떠나라. 자녀를 위로하거나 자녀와 대화를 시도하지 마라. 부모의 이러한 행동은 떼쓰기를 더욱 강화시킬 수도 있다.

타임아웃을 사용하라 : 무시하기가 불가능하다면 타임아웃을 사용하라. 나중에 자녀가 진정된 후에 "네가 정말 화가 났었구나!"라고 말하면서 자녀의 감정에 대해 대화를 나눈다.

선택권을 주어라 : 다른 대안을 제공해보도록 한다.

세 살인 다미는 제 시간에 잠자리에 들지 않으려 떼를 쓰기 시작했다. 이때 부모가 그 방에서 나감으로써 떼쓰기를 무시한다면 다미는 자신이 원하던 대로 자지 않아도 된다.

따라서 부모는 다미에게 "다미야, 잠잘 시간이다. 네 침대까지 스스로 가든지, 우리가 널 침대까지 안고 데려 갈게."라고 말하면서 선택권을 준다. 그러면 다미는 스스로 또는 부모 품에 안겨 자기 침대로 가게 될 것이다. 떼쓰기는 계속될지 모르지만 다미의 부모는 다미의 힘 과시하기 목표를 강화하지 않았다.

지침 1 : 떼쓰기를 멈추게 하기

떼쓰기 중 어떤 것은 무시할 경우 자녀 스스로 이를 중단하기도 한다. 그러나 다른 형태의 떼쓰기가 일어나기도 하는데, 이런 경우 떼쓰기가 계속되도록 허용해서는 안 된다. 가끔 유아들은 부모가 한계를 정해주고 자신의 떼쓰기를 중단시켜 줄 것을 요구하기 때문이다.

자녀를 안아올린다 : 자녀를 다른 방으로 데려간다. 부드럽고 확고한 태도로 자녀를 붙들고 "네가 ___________을 중단할 때까지 여기 있을

수 있어."라고 말해 준다. 어떤 행동을 용납하지 않는지를 명확하게 설명해준다. 자녀에게 5~10분 정도 진정할 시간을 준 다음에 자녀를 원래의 방으로 데려온다.

만일 자녀가 또 다시 떼쓰기를 시작할 때는 즉시 앞서 했던 방식을 반복한다. 자녀가 떼쓰기를 멈추도록 하기 위해서는 부모의 일관성 있고 단호한 태도가 매우 중요하다.

지침 2 : 떼쓰기를 예방하기

부모는 다양한 방법으로 자녀의 떼쓰기를 줄일 수 있으나 아마도 완전히 떼쓰는 행동을 중단시킬 수는 없을 것이다.

떼쓰기는 유아가 피곤함, 배고픔, 지나친 흥분감 또는 좌절감을 느낄 때 일어난다.

자녀는 피곤할 때 공격적인 행동을 하는 경우가 많다. 자녀가 피곤하거나, 배고프거나, 지나치게 흥분하거나, 좌절감을 느낄 때 떼를 쓴다면 다음과 같은 방법을 취하라.

- 자녀의 능력으로 할 수 없는 활동으로부터 벗어나 다른 활동에 관심을 두도록 유도한다.
- 자녀가 피곤해지거나 배고플 때가 언제인지 유의해 관찰한다.
- 자녀가 심리적 긴장감을 느낄 수 있는 상황으로부터 자녀의 관심을 딴 곳으로 돌린다.
- 자녀가 달리기, 펄쩍뛰기, 음악에 맞춰 율동하기를 통해 긴장감을 풀도록 돕는다.

6. 스트레스

모든 유아들은 삶 속에서 정신적 스트레스를 느낀다. 어린 자녀가 가정에서 느끼는 스트레스를 조절하도록 돕는 몇 가지 방법들이 있다.

- 자녀의 감정에 귀기울여준다.
- 경쟁심을 덜어준다. 자녀가 자신과 타인을 비교하지 않고 잘하는 법을 배우도록 도와준다.

- 자녀의 노력을 격려하고 조금이라도 발전이 있으면 찾아서 인정해 준다.
- 자녀 개개인이 저마다 수용감을 느끼도록 분위기를 창조한다.
- 자녀가 가족에게 기여하도록 돕는다(예 집안일하기).
- 자녀에게 간단한 이완법을 가르친다(예 심호흡하기).

어떤 아이는 심리적 긴장을 만성적인 두통이나 복통 등 신체적 증상으로 표현한다. 그러나 모든 신체적 증상이 스트레스로 인해 유발되는 것은 아니다. 자녀가 다음과 같은 증상을 보일 때에는 의사의 검진을 받아야 한다.

- 어떤 증상이 지속될 때
- 통증이 찌르듯이 아프고, 더 심해지거나 자주 일어날 때
- 토할 때
- 어지러움이나 시각장애를 호소할 때

사회성 발달 이해하기

유아는 성장하면서 점점 더 독립적으로 되어가며 놀이와 대인관계에서 자신의 생각을 실험해보기 시작한다. 사회적으로 성숙하기 위해서는 정해진 한계 내에서 행동하는 법을 배워야 한다. 이때 부모가 한계를 설정하기 위해 결과를 사용한다면 아마도 자녀는 한계를 배우게 될 것이다.

부모가 정한 한계에 대해 자녀는 독립을 원할 수도 있다. 유아는 다른 또래 아이들과의 놀이를 통해 자신의 사회성을 시험해볼 수 있을 뿐만 아니라 성장함에 따라 남과 협력하여 일하고 놀이하는 데 점점 더 관심을 두게 된다.

1. 유아기는 사회화를 배우는 시기이다.

3~6세 사이의 유아는 이전 시기에 비해 더욱 남과 어울려 일하고 놀이를 하며 사회적 기술을 많이 배우기 시작한다. 이를테면 어떤 행동은 용납되고 어떤 행동은 용납되지 않는지에 대한 사회적 규칙들을 배우게 된다.

부모가 설정한 한계에 대해 자녀는 독립을 원한다.

이 시기의 자녀에 대해 부모는 한계를 정하는 외에 긍정적인 행동을 격려해 줄 필요가 있다. 예를 들어 "더이상 싸우지 마!"라고 말하는 대신 "우리는 사람들에게 잘 대해 줄 필요가 있어."라고 말할 수 있다.

1) 연령차

유아기의 사회적 기술에는 제각기 차이가 난다. 일반적으로 이 차이는 연령에 따라 나타나는 것이다.

(1) 3세

- 3세 유아는 다른 사람들과의 관계에서 차례 ㄴ지키기를 배우게 된다. 부모는 타이머를 이용해 유아의 순서 기다리는 시간을 정해줄 수 있다.
- 3세 유아는 다른 사람들과 공유하는 법을 배운다. 장난감이 한 개 있다면 그것을 같이 공유하여 놀이를 해야 한다. 예를 들어 부모는 "민식아, 네가 그 트럭을 다 갖고 놀았으면 소라에게 주겠니? 소라는 그걸 갖고 놀고 싶어할 거야."라고 말해줌으로써 공유하며 노는 법을 가르칠 수 있다. 또한 세 살 된 자녀에게는 남과 공유하지 않아도 되는 특별한 장난감을 몇 가지 허용한다. 다른 아이들이 놀러 올 때는 이 특별한 장난감들은 치워두는 것이 좋다.
- 3세 유아는 아직 혼자 놀이하기를 좋아한다. 그러므로 부모는 다른 아이와 함께 놀도록 강요하지 않아야 한다. 대신 자녀가 다른 아이들이 놀이하는 옆에서 혼자 놀이하도록 허용해준다.

(2) 4세

- 4세 유아는 또래 친구들과 놀고 싶은 강한 욕구를 나타낸다. 자녀는 항상 또래 친구네 집에 놀러가거나 또는 자기네 집에 데려오고 싶어한다.
- 이 시기의 유아들은 상상력이 풍부해진다. 이들은 가끔 상상의 친구를 만들어낸다(인간이나 동물 등등). 부모는 자녀와 함께 이들 상상의 친구들과 놀아주는 시간을 마련한다.
- 이 시기의 유아는 자기주장과 고집이 두드러져 제멋대로 하기도 한다. 이들은 스스로의 힘으로 뭔가를 하려 하고 또 할 수 있다는 자신감을 내보인다.

(3) 5세

- 5세가 되면 보다 안정적이고 생각이 깊어지며 자신감도 늘어난다.
- 이 시기의 유아는 자신의 가족에 대해 긍정적인 감정을 갖게 된다.
- 이 시기에는 남과 협력할 수 있는 능력도 발달한다.

(4) 6세

- 6세가 되면 또래 친구와도 잘 어울리며 좋고 나쁨이 분명해진다.
- 가족에게 자기 의견이 무시당한다고 생각하면 반항하기도 한다.
- 다른 사람의 기분변화에 민감하게 반응하며 집단활동에 리더가 되기도 한다.

2. 자녀의 사회적 관심을 북돋우는 방법

유아기 자녀에 대한 부모의 가장 중요한 과업 중 하나는 자녀에게 **사회적 관심**(social interest)을 가르치는 것이다. 사회적 관심이란 다른 사람을 배려하고 남과 협력하고자 하는 의향을 말하며 존중에 바탕을 두고 있다. 다음은 사회적 관심을 키우는 데 필요한 6가지 방법들이다.

어린 시절부터 남을 돕도록 격려하라 : 자녀의 능력에 적합한 집안일을 제안한다. 돕기가 얼마나 중요한지 큰 소리로 말하라.

- "누가 설거지를 도와주면 정말 좋을 거야."
- "할아버지를 도와드리는 것은 기분 좋은 일이야, 그렇지 않니?"

자녀 스스로 자신의 실수를 수정하도록 하라 : 가능한 한 자녀가 저지른 실수에 대해서는 스스로 해결하도록 한다. 자신이 떨어뜨린 물건을 스스로 줍도록 하고 자신이 쏟은 것을 스스로 치우도록 하라. 이러한 과정에서 자녀는 협력의 가치를 배우게 된다.

완벽함을 기대하지 마라 : 자녀가 어떤 과업을 하기 위해 기울인 노력을 인정하라. 이렇게 하면 자녀는 주저하지 않고 보다 자유롭게 열심히 참여할 것이다.

자녀의 노력과 발전을 인정하라 : 격려는 자녀가 세상에 관심을 두도록 북돋우는 효과적인 방법이다. 격려받은 자녀는 부단히 새로운 경험을 찾아 탐색할 것이다.

자녀의 첫 번째 결과물에 변경을 가하지 마라 : 자녀가 침대를 정리했을 때 주름이나 불룩 나온 곳이 있다고 해서 주름을 펴거나 다시 정리하지 마라. 부모의 비판적인 태도는 자녀의 협동심을 꺾어버린다.

자녀와 함께 놀며 작업하고 배워라 : 자녀가 가족, 종교, 공동체 활동에 참여하게 하라. 가족회의, 남을 돕는 일과 페인트칠하기나 청소와 같은 작업에도 자녀를 포함시킨다.

사회성 발달에서의 특별 관심사

유아기의 사회성 발달에는 여러 가지가 포함된다. 그중 대부분의 부모들이 특히 관심을 가진 문제를 든다면 5가지로 요약된다. 즉, 자녀의 정직성, 공격성, 대소변 훈련, 취침시간 및 식사시간이다.

1. 정직성

부모는 모두 자녀가 정직하기를 바란다. 그럼에도 불구하고 유아기 자녀는 종종 **부정직**해 보이는 말과 행동을 하기 시작하는데, 과장하기 또는 이야기를 꾸며서 하기는 이 시기 유아들의 전형적인 행동이라고 볼 수 있다.

과장하기나 이야기를 꾸며하기는 유아기에 전형적으로 나타나는 행동이다.

때때로 유아는 "날 봐요! 난 이 세상에서 제일 힘센 사람이에요."와 같이 자신이 **원하는 바**를 실제 일어난 일처럼 이야기하는 경우가 있다.

또 어른들이 거짓말하는 것과 같은 이유로 거짓말을 하기도 한다. 다시 말해 좋은 결과를 얻고 싶거나 나쁜 결과를 피하고 싶어서 거짓말을 하는 것이다. 그러나 어린 아이들은 자신이 원하는 것을 얻기 위해 거짓말을 하는 것이 왜 나쁜지 아직 이해하지 못한다.

만일 자녀가 거짓말을 하면 지나치게 예민한 반응을 보이지 않아야 한다. 그보다는 오히려 "난 사실이 아닌 이야기를 들으면 걱정이 돼. 왜냐하면 우리는 진짜로 일어난 일을 이야기할 필요가 있거든."이라고 말하면서, 사실을 말하는 것이 중요하다는 것을 설명해준다. 가끔은 그냥 자녀의 거짓말을 무시하는 것도 좋다.

2. 공격성

우리는 모두 남을 괴롭히는 싸움대장(bully)에 대해 많이 들어보았다. 싸움대장이란 공격적인 행동으로 자신이 원하는 것을 얻는 아이들을 주로 이르는 말이다. 우리는 자녀를 키우면서 언젠가는 다른 아이들이나 부모 자신을 위해 자녀의 공격적인 행동을 다루어야 할 경우가 생길 수 있다.

다른 아이가 공격적인 행동을 할 때 : 자녀에게 누군가 자신을 괴롭히면 어떻게 할지를 가르쳐주어야 한다. 자녀가 취할 수 있는 행동의 예를 들면 다음과 같다.

- 자녀는 공격적인 아이와 같이 놀이하는 것을 피할 수 있다.
- 자녀는 공격적 아이를 다른 곳으로 떠나보낼 수 있다.
- 자녀는 자신이 용납하는 행동과 용납하지 않을 행동을 결정할 필요가 있는데, 이 결정과정을 부모가 도와줄 수 있다. 그런 다음에 상대방 아이에게 맞서 단호하게 공격적 행동을 용납하지 않겠다고 말한다.
- 부모는 가정에서부터 자녀가 용기를 기르도록 도와줄 수 있다.

자녀가 공격적인 행동을 할 때 : 만일 자녀가 다른 아이를 위협하는 행동을 한 때에는, 우선 그 행동의 원인을 파악해야 한다. 자녀의 심리적 목표가 힘 또는 지배력을 과시하는 것이라면 자녀가 용인될 수 있는 방법으로 그 목표를 달성하도록 도와라. 자녀가 남을 괴롭히는 행동을 계속한다면 어떻게 해야 할까? 그렇다면 자녀가 다른 아이들과 놀지 않기로 스스로 선택했다고 추정하라. 만일 자녀가 계속 남을 괴롭히는 행동을 한다면 부모는 상담자의 도움을 요청할 필요가 있다.

3. 대소변 훈련

대소변 가리기 훈련을 지나치게 일찍 시작하면 자녀와 부모 모두에게 좌절감을 안겨주기 쉽다. 대부분의 아이들은 두 살 전후 경까지도 신체적으로 장과 방광을 잘 조절하지 못한다. 따라서 대소변 가리기 훈련은 자녀가 적어도 두 살이 될 때까지 기다려서 시작해야 한다. 처음 대소변 훈련을 시작했을 때 효과가 없다면 몇 주 더 기다렸다 다시 시도해본다. 이러한 방법은 부모 자신과 자녀의 스트레스를 줄이게 된다. 자녀의 개인적인 배설 리듬을 유의하여 관찰하고 대소변 훈련의 모든 단계에 걸쳐 자녀에게 억지로 강요하지 않는 것이 중요하다.

자녀에게 대소변 훈련을 할 때에는 다음의 기본적인 단계를 밟아서 하도록 한다.

자녀에게 말로 표현해준다 : 대변과 소변에 이름을 붙여주면 자녀가 부모의 말을 이해하는 데 도움이 된다. "이슬이가 기저귀에 응가를 하고 있구나."와 같이 말해 주면 된다.

대소변 훈련의 모든 단계마다 유아에게 강요하는 것은 금물이다.

성공했을 때 인정해준다 : 부모가 성공을 인정해주면 대소변 훈련을 시작하고 진행하는 것이 보다 원활해진다. 이에 못지않게 자녀가 실수를 했을 때에는 꾸중하지 않는 것도 중요하다.

유아용 변기를 마련해준다 : 자녀가 다른 사람들이 변기 사용하는 것을 흉내 내고 싶어하면 유아용 변기를 사용할 준비가 된 것이다.

우선 유아용 변기를 마련한다. 그 다음 며칠 동안 자녀가 변기 사용에 흥미를 보이는지 관찰한다. 처음에는 하루에 한번 그 위에 앉도록 유도해 본다. 서둘러 결과를 얻으려 자녀를 강요해서는 안 된다. 다음에는 유아용 변기 위에 앉는 것을 하루에 몇 번으로 늘린다. 낮 동안 자녀가 기저귀에 변이나 소변을 보았을 때 가끔 유아용 변기 위에 앉힌다.

훈련용 바지를 입게 해본다 : 우선 자녀가 몇 주 동안 성공적으로 유아용 변기를 사용한 다음에 이 단계를 시작해야 하나, 이 단계를 서두르면 자녀는 두려워하거나 심각한 공포에 휩싸일 수 있다.

실수와 퇴행에 대해 느긋하게 대한다 : 대소변을 잘 가리다 실수할 수도 있다. 방광을 조절하는 능력은 대개 장을 조절하는 능력보다 일찍 발달한다. 또 낮 동안 대소변을 잘 가릴 수 있게 된 연후에야 밤에도 가릴 수 있게 된다.

자녀가 잠자리에 소변을 누지 않도록 돕는다 : 부모는 "잠자기 직전에는 물을 마시지 말자."라고 말해 줄 수 있다. 자는 아이를 깨워 화장실로 보내서는 안 된다. 이러한 행동은 자녀에게 압박감을 줄 수 있고 자녀가 스스로 일어날 수 있는 책임감을 꺾어버린다.

인내심을 가진다 : 대소변 훈련에는 상당한 기간이 걸린다. 대부분의 아이는 만 세 살이 되면 대소변을 가릴 수 있게 된다. 대개 남아가 여아보다 대소변 가리기가 늦는 경향을 보인다. 가끔 퇴보하면 큰 실수라도 저지른 것처럼 취급하지 말고 그냥 일어날 수 있는 일로 취급한다. 자녀를 깨끗이 씻기고 닦아주며 "넌 정말 불편했겠다."라고 말하면서 따뜻한 관심을 보여준다.

4. 취침시간

영유아기에는 충분한 수면을 취하는 동시에 규칙적인 휴식시간이 필요하다. 이 시기에는 일정한 취침시간을 정해 놓고 잠들기 전 규칙적이고도 즐거운 시간을 보내도록 해주어야 한다. 이렇게 하는 것이 자녀의 행동에 긍정적인 효과를 갖게 하고 자녀의 건강한 성장발달에도 필요하다.

영아들은 많은 수면이 필요하기 때문에 필요하다고 느끼면 언제든지 규칙적으로 잠을 자게 된다. 까다롭고 잠투정이 많은 아기도 단지 한동안 등을 쓰다듬어줌으로써 간단히 잠이 드는 것을 볼 수 있다.

걸음마기와 유아기에 접어들면서 자녀는 잠자리에 들기를 싫어하는 경우가 많아진다. 마실것을 달라, 안아달라, 화장실에 데려다달라, 또는 이야기 하나만 더 해달라 등 온갖 요구를 하면서 늦게까지 깨어 있으려 한다. 그 원인은 상상 속의 문제나 두려움을 이야기하고 싶어서일 수도 있고 오후에 낮잠을 너무 길게 또는 너무 늦게까지 잤기 때문일 수도 있다.

걸음마기와 유아기의 자녀는 종종 잠자리에 들기를 싫어한다.

취침시간에 자녀가 쉽게 잠자리에 들도록 하려면 다음과 같은 방법을 사용할 수 있다.

하루 중 미리 취침시간에 대해 대화한다 : 자녀가 이제는 혼자 자도 될 만큼 컸다는 것을 안다고 말해 준다. 취침 시간에 함께 있어주지 않는다고 설명하라.

이른 오후에 낮잠을 재운다 : 낮잠시간은 1시간 30분이 넘지 않도록 한다.

미리 계획한다 : 취침시간에 자녀가 무엇을 요구할지 미리 생각해 본다. 그리고 자녀가 요청하기 전에 미리 해준다. 그 다음에는 친절하지만 확고한 태도로 이제 잘 자라는 인사를 할 시간이라고 말하고 그대로 행동에 옮긴다.

"이것이 마지막 동화야!"라고 말한다 : 자녀에게 미리 그 이야기나 노래가 마지막이라는 것을 말해 주고, 그 다음에는 그 방에서 나갈 것이라고 말해 준다.

취침시간 후의 요구에 응하지 않는다 : 자녀가 잠자리에 누운 뒤 관심을 끌기 위해 부르는 어떤 소리에도 일체 반응하지 않는다.

만일 자녀가 잠에서 깨어나 울면서 다시 잠들려 하지 않는다면 어떻게 해야 할까?

- 자녀가 심하게 놀랐는지, 아픈지, 기저귀를 갈아줘야 하는지, 아니면 배가 고픈지를 확인한다.
- 자녀를 침대에 눕히고 그 방에서 나간다. 자녀와 함께 눕거나 자녀를 부모의 침대에서 재워줘서는 안 된다.
- 이 과정을 필요한 만큼 반복한다. 확고하지만 친절하고 참을성 있는 태도를 유지한다. 매일 밤 횟수를 점점 줄여나갈 필요가 있다.

5. 식사시간

식사시간은 영유아기 자녀에게 힘 과시하기를 추구할 수 있는 좋은 기회가 될 수 있다. 식사시간이 부모와 자녀 간의 투쟁이 되지 않도록 하려면 다음과 같은 몇 가지 원칙을 준수할 필요가 있다.

규칙적인 식사시간과 간식시간을 정한다 : 정해진 시간 외에는 간식 주는 것을 피한다. 간식시간에는 과자나 너무 단 음료 대신 과일, 우유나 과일주스와 같이 건강에 좋은 간식을 제공한다.

합리적인 식사시간을 정한다 : 어린 자녀의 경우 식사시간은 15~20분이 넘지 않도록 한다 . 그 다음에는 자녀를 식탁에서 내려놓고 음식을 치운다.

음식은 조금씩 준다 : 자녀가 차려진 소량의 음식을 다 먹은 후에 더 주도록 한다. 자녀가 음식을 가지고 장난을 치면 식사를 끝내며 자녀에게 "네가 다 먹은 것 같구나."라고 말해 준다.

음식을 논쟁거리로 만들지 않는다 : 자녀와의 관계에서 음식을 부각하지 마라. 음식을 보상으로 제공하거나 다 먹어야 한다고 강요하지 마라. 음식문제가 힘겨루기로 번질 수 있다.

균형 있는 다양한 음식을 마련해준다 : 가족구성원 중 각 개인의 기호를 고려하라. 그러나 한 가지 음식만 계속적으로 준비하는 것을 피하고 습관적으로 가족 중 단지 한 사람만을 위한 특별한 식사를 만드는 것도 피한다. 부모의 이런 행동은 자녀에게 식사을, 충분한 영양을 고루 섭취하는 기회가 아니라 관심 끌기와 힘 과시하기의 기회로 보게 만들 수 있다.

단것을 제한한다 : 단것을 먹을 수 있는 시간과 양에 관한 규칙을 정한다. 부모 스스로 단것을 피하고 찬장에 단것을 보관하지 않는다. 이렇게 하면 아마 문제가 발생할 확률도 그만큼 줄어들게 될 것이다.

도전을 받아들이는 용기

유아기 자녀의 부모역할 수행 중 많은 부분이 용기에 관한 것이다. 부모는 자녀가 당면한 도전들을 기꺼이 받아들여 이를 해결하는 용기를 발달시키기를 진심으로 바란다.

용기는 자녀에게만 적용되는 것은 아니다. 자녀양육은 부모에게 하나의 도전이며 부모는 이 도전에 직면하여 성공적으로 이겨나갈 용기가 필요하다.

우리는 이제까지 자녀의 성장발달을 돕는 다양한 방법들을 배웠다. 이들 방법들은 부모역할 수행을 위해 도움이 될 것이며, 다음과 같이 요약된다.

• 자녀와 부모 자신에게 사랑과 존중을 표현한다.
• 자녀의 성장발달을 이해한다.
• 부모 자신의 기대수준을 현실에 맞춘다.
• 자녀를 격려한다.
• 자녀의 감정에 귀기울이고 서로 대화를 나눈다.
• 자녀에게 한계를 설정하여 선택권을 준다.

이 모든 기술과 접근방법을 숙달하는 데는 시간이 걸리고 연습이 필요하다. 포기하지 말고 부모 자신과 자녀에게 인내심을 가진다. 문제가 생기면 부모역할 수행의 목표를 생각해 본다.

• 자녀를 행복하고 건강하며 자립심, 존중감, 자신감, 협동심과 책임감이 있는 아이로 키운다.
• 자녀와 평생에 걸친 강한 유대관계를 만들어나간다.
• 자녀가 책임감 있는 어른으로 성장하도록 돕는다.
• 자녀를 사랑받고 사랑할 줄 아는 아이로 키운다.

부모는 이 모든 행동을 통해 자녀에게 용기를 길러주게 된다. 이 모두가 자녀에게 줄 수 있는 가장 사랑이 넘치는 선물이다.

격려 STEP

부모 자신을 격려하는 것은 자녀를 격려하는 만큼이나 중요하다. 부모가 격려를 받으면 실패에 대한 두려움이 사라진다. 또 자신의 능력을 보다 뚜렷하게 볼 수 있다. 자신을 격려하는 한 가지 방법은 다음과 같은 신념을 마음속으로 생각하고 적어보며 믿는 것이다.

• 나는 긍정적인 사람이다.
• 나는 유능한 사람이다.
• 나는 변화할 수 있는 능력이 있다.
• 나는 나 자신을 사랑한다.

이처럼 격려가 되는 생각들을 해 본다. 또 이 생각들이 나 자신에게 얼마나 중요한지, 자신에게 또 다른 어떤 격려를 해줄 수 있는지 생각해 본다. 또 자신에게 해당되는 격려가 무엇인지 고려해 본다.
이러한 신념을 마음속으로 되새긴다. 거울에 붙여두거나 지갑에 보관하여 자주 익힌다.

기억해야 할 핵심 사항

1. 자녀의 감정을 유의하여 관찰하고 민감하게 감지하라. 자녀에게 적절한 한계를 설정하라. 걸음마기 후반과 학령전기 유아는 관심 끌기, 힘 과시하기, 앙갚음 또는 무능함 보이기를 추구하기 위해 감정을 사용할 수 있다는 점을 깨달아야 한다.
2. 유아기 자녀는 자신의 감정과 요구를 표현하기 위해 울음을 사용한다. 또 부모를 조종하기 위해 울음을 사용할 수도 있다.
3. 슬픔은 상실에 대한 반응일 수 있고, 또 다른 감정을 충족하기 위한 방법일 수도 있다. 자녀의 말을 경청하고 자녀의 느낌을 이해하고 있음을 보여준다. 자녀가 자신의 감정을 제대로 파악할 수 있도록 돕는다.
4. 질투심은 특히 걸음마기 후반과 취학전기 유아에게서 두드러지게 나타난다. 이 시기 자녀가 가장 흔하게 질투심을 나타내는 경우는 동생이 태어난 때이다.
5. 자녀가 두려움과 불안을 극복할 수 있도록 돕는 방법은 다음과 같다.
   - 자녀의 두려움을 정상적인 것으로 받아들인다.
   - 자녀가 두려워하는 이유를 이해한다.
   - 한계를 확고하게 유지한다.
   - 반영적 경청 기술을 사용한다.
6. 떼쓰는 행동의 원인은 좌절감일 수 있다. 이때에는 자녀가 마음껏 울면서 감정을 발산하도록 해준다. 그리고 난 다음 자녀를 위로하라. 또 떼쓰는 행동의 원인이 힘 과시하기일 수도 있다. 이때에는 떼쓰기를 무시하거나 타임아웃을 사용하라.
7. 모든 유아는 그들의 삶에서 스트레스를 느낀다. 이들은 정신적 긴

장감을 신체적 증상으로 나타내기도 한다. 그러나 모든 신체적 증상의 원인이 스트레스로 인한 것은 아니다.

8. 유아기 자녀는 사회화 과정에 있다. 설정된 한계가 있지만 자녀의 긍정적인 행동에도 초점을 맞추어 인정해준다. 자녀가 다른 사람들을 배려하며 돕고 함께 협력하도록 가르쳐라.
9. 거짓말과 과장하기는 유아기에 흔히 있는 정상적인 행동이다. 거짓말에 대해 과잉반응을 보이지 마라.
10. 만일 자녀가 또래아이에게 괴롭힘을 당한다면 그 공격적인 행동을 하는 아이에게 대처할 수 있는 방법을 구체적으로 알려준다. 만일 내 자녀가 공격적인 행동을 한다면 그 행동의 목표가 무엇인지를 파악하고, 자녀가 보다 용인될 수 있는 방법으로 그 목표를 달성할 수 있도록 돕는다.
11. 자녀가 두 살이 되기 전에는 대소변 훈련을 시도하지 마라. 대소변 훈련에는 시간이 걸리므로 인내심을 가져야 한다.
12. 취침시간을 일정하게 정해놓고 잠자리에 들기 전 규칙적으로 일종의 즐거운 의식을 거치게 하면 자녀의 행동에 긍정적인 효과를 발휘할 수 있다.
13. 식사시간이 부모와 자녀 사이에 힘겨루기 투쟁이 되지 않도록 한다.

자신을 위해 이렇게 해 봅시다

부정적인 신념에 맞서 싸우기

신념에서 감정이 우러난다. 만일 우리가 불유쾌한 것을 생각하면 불유쾌한 감정을 품게 된다. 나의 신념체계로 인해 내가 현재 느끼는 감정 상태가 유발된 것이다. 부정적인 신념은 문제를 낳고 내가 행복감을 느끼는 데 장애가 된다.

내가 낙담의 말이나 혼잣말을 하는 것은 나의 신념체계가 반영된 결과이다. 이때 내가 하는 말은 요구, 비난이나 불평처럼 들릴 수 있다.

- "나는 완벽해야 해."
- "나는 최고가 되어야 해."
- "나는 이기지 않으면 안 돼."
- "나는 성공하지 않으면 안 돼."
- "내가 통제해야만 해."
- "나는 모든 사람을 기쁘게 해주어야 해."
- "나는 항상 옳아."
- "나는 좋은 인상을 주어야 해."
- "사람들은 내가 내 마음대로 하도록 해주어야 해."
- "사람들은 내가 기여한 것을 인정해야 해."
- "인생은 공평해야 돼."
- "인생은 편안해야 돼."

다음과 같이 긍정적이고 보다 효과적으로 사고하는 법을 익힌다.

- 새로운 신념을 선택한다.
- 부정적인 상황을 논리적인 시각으로 바라본다.

- '해야 한다'와 '하지 않으면 안 된다'가 아니라 '바란다'와 '희망한다'라는 시각을 가진다.
- '재난'을 있는 그대로 단순히 실망스러운 상황이라고 본다.

부정적인 신념에 맞서 싸우기 위해 스스로에게 다음의 질문을 해본다.

1. 나는 무엇을 생각하고 있는가? 나는 요구를 하고 있는가 아니면 비난하고 있는가?
2. 나의 신념이 합리적인가? 이를 어떻게 판단할 수 있을까?
3. 내가 이 신념체계를 고수하면 어떻게 될까?
4. 내가 나의 신념체계를 바꾸면 어떻게 될까?

<표 7>

나의 부모되기 과업을 달성하기 위한 실천계획

자녀의 이름 : ______________________________

____

과업 1 : ______________________________

____

나는 과업을 달성하기 위해 무엇을 하고 있는가 : __________

____

발전에 장애가 되는 나의 신념 : ____________________

____

과업을 달성하기 위한 나의 계획 : __________________

____

나의 발전 상황 : ____________________________

____

과업 2 : ______________________________

____

나는 과업을 달성하기 위해 무엇을 하고 있는가 : __________

____

발전에 장애가 되는 나의 신념 : ____________________

____

과업을 달성하기 위한 나의 계획 : __________________

____

나의 발전상황 : ____________________________

____

옮긴이 소개

황옥자(黃玉子)

현재 : 동국대학교 불교문화대학 불교아동학과 명예교수
숙명여자대학교 가정관리학과 졸업(학사)
숙명여자대학교 아동복지학과 졸업(석사)
중앙대학교 대학원 유아교육학과 졸업(문학박사)
한국명상치료학회 이사, 명상상담원 영남지부장
한국종교교육학회 이사, 한국STEP부모교육센터 소장
(전) 동국대학교 부속유치원장
주요 저서 : 취학 전 아동을 위한 지능검사와 훈련(공역)
유아교사와 부모를 위한 동요와 손유희
부모와 함께하는 내 아이 마음 키우기
불교아동교육론 등과 다수 논문이 있다.

이지연(李知娟)

현재 : 주한 호주대사관 경제과선임연구관
이화여자대학교 사범대학 교육학과 졸업(유아교육 부전공)
미국 U.C. San Diego IR/PS 국제관계학 석사
미국 U.C. Riverside TESOL 이수
(전) 미국 워싱턴 소재 한미경제연구소,
한국대외경제정책연구원 연구원
주한 말레이시아대사관 투자과 통역 및 번역담당

저자소개

Don Dinkmeyer(Sr.), Ph.D.

상담심리학자, 미국 심리전문가자격심사위원회 위원, 미국 가족심리전문가, 미국 결혼 및 가족 치료협회 임상회원, 미국 플로리다주 의사소통 및 동기유발 훈련연구소 소장

저서 : 효율적인 부모, 책임 있는 자녀양육법, 부모역할의 기초, 격려 기술 외 다수

Gary McKay, Ph.D.

심리학자, 미국 결혼 및 가족 치료협회 임상회원, Alder 심리학 자격증소지 상담전문가, 미국 아리조나대학의 상담 및 지도자

저서 : 효율적인 부모, 책임 있는 자녀양육법, 거친 세상에서 훌륭한 아이로 키우는 법 외 다수

James Dinkmeyer

부모교육 전문가

저서 : 효율적인 부모 외 다수

Don Dinkmeyer(Jr.), Ph.D.

웨스턴 켄터키대학교 교수, 부부상담 및 가족치료전문가,

저서 : 효율적인 부모, 상담과 심리치료 외 다수

Joyce McKay, Ph.D.

상담전문가

저서 : 효율적인 부모 외 다수

영유아의 부모 STEP

초판 1쇄 발행 2012년 8월 31일
초판 4쇄 발행 2020년 11월 4일

지은이 | Don Dinkmeyer(Sr), Gary McKay, James Dinkmeyer, Don Dinkmeyer(Jr), Joyce McKay
옮긴이 | 황옥자 · 이지연

펴낸이 | 김기섭
편집인 | 박연순
펴낸곳 | 창지사 www.changjisa.com
08589 서울시 금천구 가산디지털 1로 83 파트너스타워 1차 9층
전화 (02) 719-2211~3
팩스 (02) 701-9386
등 록 | 1977년 4월 28일· 제1-421호

ISBN 978-89-426-1100-3 (93370)

값 10,000원